U0676381

这里是辽宁

This is
Liaoning

文体旅丛书

山海有情 天辽地宁

体育

张嘉树 ◎ 著

春风文艺出版社
·沈阳·

图书在版编目（CIP）数据

体育 / 张嘉树著. —沈阳：春风文艺出版社，
2025.2
（"山海有情 天辽地宁"文体旅丛书）
ISBN 978 - 7 - 5313 - 6717 - 8

Ⅰ．①体… Ⅱ．①张… Ⅲ．①体育事业—成就—辽宁
Ⅳ．①G812.731

中国国家版本馆CIP数据核字（2024）第099747号

春风文艺出版社出版发行
沈阳市和平区十一纬路25号　邮编：110003
辽宁新华印务有限公司印刷

责任编辑：平青立　　　　　　责任校对：张华伟
封面设计：黄　宇　　　　　　内文摄影：王　华　王　江　李　杰
幅面尺寸：138mm × 207mm　　　　　　　邸玉伦　王学飞
字　　数：145千字　　　　　　印　　张：5.75
版　　次：2025年2月第1版　　印　　次：2025年2月第1次
书　　号：ISBN 978-7-5313-6717-8
定　　价：60.00元

版权专有　侵权必究　举报电话：024-23284292
如有质量问题，请拨打电话：024-23284384

无尽的人地关系（代序）

近代地理学奠基人亚历山大·冯·洪堡认为，人是地球这个自然统一体的一部分。此观点随即让"人地关系"成为一个科学论题，也教给我们认识世界的方法。首先看地理，知吾所在；然后看人文，知吾是谁。

打开中国地图，或背负青天朝下看，东北有三省，辽宁距中原最近。南濒蔚蓝大海，北接东北平原，东有千山逶迤，西有医巫闾苍然，境内更兼辽、浑、太三河纵横。语曰：山川能说，可以为大夫。如此天辽地宁者，大夫不说，则愧对大自然所赐。

一方水土，藏一方文化。

看辽宁文化，需要回望1.2亿至2亿年前的辽西。深埋地下的热河生物群，几乎囊括了中生代向新生代过渡的所有生物门类。我们正是在那些化石上，看到了第一只鸟飞起的姿态，看到了第一朵花盛开的样子，看到了正在游动的狼鳍鱼瞬间定格之美。也正因为如此，辽西成为20世纪

1

全球最重要的古生物发现地之一，被誉为世界级化石宝库。看辽宁文化，更要回望古代先民在辽宁现身时那一道道照亮天穹的光。28万年前的金牛山人，25万年前的庙后山人，7万年前的鸽子洞人，1.7万年前的古龙山人，7000年前的新乐人和小珠山人，绳绳不绝，你追我赶，从旧石器时代走到新石器时代。当然，他们都只是演出前的垫场，千呼万唤中，大幕拉开，真正的主角是红山人。在辽西牛河梁上，我们看见了5000年前的女神庙和积石冢，还有那座巨大的祭坛。众流之汇海，万壑之朝宗，职方所掌，朗若列眉，从那一天开始，潺潺千古的大辽河便以中华文明三源之一，镌刻于历史之碑。

一方水土，写一方历史。

其一，辽宁在中原与草原之间，写中国边疆史，辽宁占重要一席。东北土著有东胡、濊貊、肃慎三大族系。东胡族系以游牧为生，慕容鲜卑让朝阳成为三燕古都，契丹把长城修到辽东半岛蜂腰处，蒙古大将木华黎则让辽宁乃至整个辽东成为自己的封地。濊貊族系以农业为生，前有扶余，后有高句丽，从东周到隋唐，各领风骚700年，一座五女山城，更是让居后者高句丽在辽东刷足了存在感。肃慎族系以渔猎为生，从黑水到白山，从生女真到熟女真，渤海将辽东山地大部划入其境，女真通过海上之盟与宋联手灭辽，然后把辽宁当成入主中原的跳板，满族则以赫图阿拉、关外三陵和沈阳故宫，宣布辽宁为祖宗发祥之地。其二，汉以前，中原文化对东北有两次重量级输入，一次是箕子东迁，一次是燕国东扩。汉以后，灭卫氏朝鲜设四郡，灭高句丽设安东都护府，中原大军总是水路与陆路并进，辽宁始终站在一条历史的过道上，要么看楼船将军来征讨，要么看忽报呼韩来纳款，坐看夷地成中华，阅尽沉浮与兴衰。其三，近代史从海上开始，渤海海峡被英国人称为东方的直布罗陀，旅顺口则被英国人改叫亚瑟港，牛庄和大连湾更是先后变成英俄两国开埠的商港，震惊中外的甲午战争、日俄战争、九一八事变，让辽宁成为举世瞩目的焦点，于是，在辽宁就有了东北抗联，就有了《义勇军进行曲》，就有了辽沈战役，就有了抗美援朝保家卫国。历史一页页翻过，页页惊心动魄。

一方水土，生一方物产。

最天然者，一谓矿藏，二谓鱼盐。那些被电光石火熔化挤扁的物质沉睡地层亿万年，它们见过侏罗纪恐龙如何成为巨无霸，见过白垩纪小行星怎样撞击地球，也见过喜马拉雅运动和第四纪冰河。千淘万漉虽辛苦，吹尽狂沙始到金。于是，我们看到了，辽东有岫玉，辽西有玛瑙，抚顺有煤精，鞍山有铁石，盘锦虽是南大荒，地上有芦苇，地下有油田。更何况，北纬39度是一个寒暑交错的纬度，也是一个富裕而神秘的黄金纬度，在这个纬度上有诸多世界名城，它们是北京、纽约、罗马、波尔多、马德里，当然还有大连和丹东；在这个纬度上，有美丽而神奇的自然风景，它们是塔克拉玛干沙漠、库布其沙漠、青海湖、日本海、里海、地中海、爱琴海，当然还有环绕辽东半岛的渤海和黄海。公元前300年的"辽东之煮"，曾助燕一举登上战国七雄榜，而距今3000年前的以盐渍鱼现场，在大连湾北岸的大嘴子。迄至近世，更有貔子窝和复州湾走上前台，令大连海盐成为国家地理标志性产品。而大连海参，就是冠绝大江南北的辽参；大连鲍鱼，就是摆在尼克松访华国宴上的那道硬菜；丹东大黄蚬、庄河杂色蛤，则是黄海岸亚洲最大蚬子库的一个缩影。此外，还有营口海蜇、营口对虾、盘锦河蟹。辽河与辽东湾，你中有我，我中有你，方有奥秘杰作。最生态者，一谓瓜果，二谓枣栗。大连苹果、大连樱桃、桓仁山参、东港草莓、丹东板栗、黑山花生、朝阳大枣和小米、绥中白梨和鞍山南果梨，还有铁岭榛子、北票荆条蜜、抚顺哈什蚂、清原马鹿茸……物之丰，产之饶，盖因幅员之广袤，蕴含之宏富，土地之吐哺，人民之勤勉。

一方水土，养一方风俗。

古人曰：千里不同风，百里不同俗。古人又曰：历世相沿谓之风，群居相染谓之俗。古代辽宁，在农耕文明与游牧文明交互地带；近现代辽宁，在东方文明与西方文明对接地带。于是，土著文化、移民文化、外来文化在大混血之后，走向了融合与多元。于是，这个文化以其边缘性、异质性、冒险性，既穿行于民间，也流布于市井。在时光中沉淀过后，变成了锅灶上的美食，变成了村头巷尾的戏台，变成了手艺人的绝活儿，变成了过年过节的礼仪和讲究。最有辨识度的辽宁美食，在沈阳有满汉全席、老边饺子、马家烧麦、苏家屯大冷面；在大连有海味全家福、海菜包子、炸虾片、炒焖子；在鞍山有海城馅饼、台安炖大鹅；在抚顺有满族八碟八碗；在本溪有蝲蛄豆腐；在丹东有炒米糍子；在锦州有沟帮子熏鸡；在阜新有彰武手把羊肉。最具代表性的民间艺术，在沈阳有辽宁鼓乐、沈阳评剧、东北大鼓；在大连有复州皮影戏、长海号子、金州龙舞；在鞍山有海城高跷、岫岩玉雕；在抚顺有煤精雕刻、地秧歌；在本溪有桓仁盘炕技艺；在锦州有辽西太平鼓；在盘锦有古渔雁民间故事。最原真的民族风情，以满族、蒙古族、回族、朝鲜族、锡伯族为序，在辽宁有五个系列。若要下场体验，可以去看抚顺新宾满族老街、本溪同江峪满族风情街；可以去看阜新蒙古贞庄园、北票尹湛纳希纪念馆；可以去看沈阳西关回族美食街；可以去看沈阳西塔朝鲜族风情街、铁岭辽北朝鲜族民俗街；可以去看沈阳锡伯族家庙、锡伯族博物馆。民俗之复兴，是本土文化觉醒的重要标志，风情之淳朴，是本土文明的真正升华。

一方水土，扬一方威名。

近代世界，海陆交通，舟车四达，虽长途万里，须臾可至。当代世界，地球是平的，都会名城，同属一村，经济文化，共存一炉。辽宁是工业大省，前有近代工业遗产，后创当代工业传奇，写中国工业编年史，辽宁是不可或缺的重要一章。尤其是当代，辽宁既是名副其实的共和国长子，也是领跑共和国工业的火车头。沈阳铁西区，已经成为"露天的中国工业博物馆"。旅顺大坞、中船重工、大连港、大机车，已经以"辽宁舰"为新的起点，让现在告诉未来。鞍山钢铁厂、抚顺西露天矿、本溪湖煤铁公司、营口造纸厂、阜新煤炭工业遗产群，则用会当水击三千里的底气，托起辽宁工业腾飞的翅膀。辽宁是文博大省，行旅之游览，风人之歌咏，必以文化加持，而最好的载体，就是深沉持重的文博机构。辽宁在关外，文化积淀虽比不上周秦汉唐之西安，比不上六朝古都之南京，比不上金元明清之北京，却因地域之独特，而拥有不一样的出土，不一样的珍藏。而所有的不一样，都展陈在历史的橱窗里。既然不能以舌代笔，亦不能以笔代物，那就去博物馆吧。文物是历史的活化石，正因为有辽宁省博物馆、辽宁古生物博物馆、大连自然博物馆、旅顺博物馆、朝阳博物馆以及朝阳鸟化石国家地质公园等等，辽宁人确切地知道自己是谁，究竟从哪里来，因而对这方土地保持了永远的敬畏与敬意。辽宁也是体育大省，因为有四季分明的北方阳光，因为有籽粒饱满的北方米麦，也因为具备放达乐观的北方性格，辽宁人的运动天赋几乎是与生俱来。所以，田径场上，就跑出了"东方神鹿"王军霞；足球场上，就踢出了神话般的辽宁队、大连队；奥运会上，更有14个项目获得过冠军。最吸睛的，当然是足、篮、排三大球，虽然没有走向世界，但在中国赛场上，只要辽宁队亮相，就会满场嗨翻。看辽宁人的血性，辽宁人的信仰，就去比赛场上看辽宁队。

当今中国，旅游经济已经走过三个时代，这三个时代分别是观光时代、休闲时代、大旅游时代。观光时代，以旅行社、饭店、景区为主，最多逛逛商业街，买买纪念品，完成的只是到此一游。休闲时代，以行、游、住、食、购、娱为主，于是催生了"印象系列""千古情系列""山水经典"系列，也只不过多了几个卖点。如今已是大旅游时代，特点是旅游资源无限制，旅游行为无框架，旅游体验无穷尽，旅游消费无止境。就是说，考验一个地方有没有文化实力的时候到了，所谓大旅游时代，就是要把一个资源，变成一个故事，一个世界，一个异境，然后让旅游者蜂拥而至，让这个资源成为永动机，让情景地成为去了再去、屡见屡鲜的经典。

正因为如此，有了这套"山海有情 天辽地宁"文体旅丛书，梳理辽宁文体旅谱系，整合山水人文资源，献给这个方兴未艾的大旅游时代。

素 素

2025年1月于大连

目录

1

"1234，我爱辽篮"

——辽宁体育馆

  总投资20亿、占地430亩的辽宁省体育训练中心位于沈阳浑南奥体中心旁，它包括万人赛训综合馆、游泳与网球中心及运动员训练生活区等多个建筑，是辽宁全运会的主要比赛场馆，部分场馆向市民开放。其中的综合馆便是辽宁体育馆，该场馆是辽宁省体育训练中心的重要组成部分。和这些相比，更让人熟知的是"1234，我爱辽篮"的口号，从每年的10月至次年6月，温度有变化，不变的是口号和爆满的上座率。

  不过老辽宁体育馆我曾进去过。它是我学生时代文体之梦的摇篮。作为曾经的一座外形新潮、设备先进、功能齐全、能容纳万余名观众的大型体育馆，辽宁体育馆建馆以来，曾举办国际、国内大型的体育比赛和文艺演出2000余场，可以说是辽沈人民心目中一块涵盖体育、娱乐等多方面文化生活的心灵热土，更是沈阳市一座不可忽略的重要地标。

  到了2007年4月，已经有30多年历史的老辽宁体育馆被爆破拆除。是年5月，辽宁省体育训练中心在浑南奥体中心旁开工建设。它包括一座万人赛训综合馆、游泳与网球中心及运动员训练生活区等多个建筑，是辽宁申办全运会的主要比赛场馆。2018年3月，为了迎接辽宁本钢队主场的比赛，辽宁体育馆增加了926个移动座椅，重新铺设地板，安装新的篮球架，升级球员更衣室，增加照明设备。

辽宁体育馆

夜色中的辽宁体育馆

辽宁体育馆内正在进行篮球比赛

辽宁体育馆的篮球场看台座椅分为深紫色和灰色，主色调为灰色。改造之后可容纳将近12000人，并且重新设计了裁判台、主席台和贵宾席。至此，辽宁职业篮球继北京、广东之后，拥有了"万人级"球馆。

辽宁男篮的运作是非常成功的。2023—2024赛季CBA在沈阳揭幕，辽宁男篮主场延续了上赛季场场一票难求的火爆。在这个属于球迷的节日里，沈城"主场经济"热度不减，对体育、文化、住宿、餐饮、旅游、交通等方面消费都有不小的拉动作用，而且线上线下齐头并进，可谓体育牵引、文化赋能、旅游带动，成为大都市"文体旅"融合发展的潮流和趋势。

很多外地球迷是在比赛日下午来到沈阳的，他们在沈阳奥体中心附近的万达广场、大奥莱商城等商场购物、餐饮。据奥体中心附近商场的不完全统计，比赛日客流量与没有比赛的日子相比总有不小的增幅，尤其是餐饮和运动商品的消费额增加明显，奥体中心周边的宾馆大多客满。这样的情形，无疑也推动了沈阳的旅游热。

我曾与大连的一些体育人探讨过体育与文艺的融合呈现及携手共赢。文体本来就不分家。CBA是目前国内人气最旺的职业联赛，作为联盟中近年成绩最出色的球队，辽篮的火爆主场不仅是一个对外展示沈阳、展示辽宁的窗口，也是一个弘扬辽沈文化的舞台。我发现，2024年初，CBA时隔三年恢复主客场赛制后，拥有辽沈本地特色的文艺表演就开始在赛前和中场休息时进行。伴随着小沈阳主唱的一曲《东北的冬》，身穿红色大花袄的啦啦队员和辽篮吉祥物肖肖，扭着东北大秧歌，转着花手绢，从观众席上走入场内……最近两个主场比赛，辽篮啦啦队一改此前模仿NBA的表演模式，而是采用颇具辽宁特色的音乐、服装、舞蹈，让"东北风"式的表演一炮走红，这也是辽宁男篮接地气的新动作。辽宁男篮现场主持人梁佳烁说："最近走红的东北风啦啦队表演创意是辽宁男篮体育展示团队一起策划的。辽宁男篮的影响力已经远远超出体育范畴，辽宁要利用好这个平台，把辽宁的特色文化传播出去。"

辽宁是体育大省，沈阳是体育强市，除了篮球，沈阳在足球、排球、乒乓球、羽毛球以及田径、重竞技等多类项目中都具有深厚的人才储备和人文基础。辽宁男篮异军突起所产生的领军作用，让更多人看到了体育产业对城市发展所起到的重要支撑作用。

每个辽篮CBA主场日已成为球迷们的节日，其他体育迷也可以成为篮球迷。1234，我爱辽篮。

"双运"辽宁的冰雪之约

——沈阳东北亚国际滑雪场

2023年10月25日，国务院办公厅发函同意辽宁省承办2028年第十五届全国冬季运动会，辽宁省将成为全国首个举办全运会和冬运会的"双运"省份。

辽宁的冰雪运动有着悠久的历史，如今终于可以扬眉吐气打造冰雪强省了。400多年前，历史文化名城辽阳的太子河冬天结冰后，当地人就穿上了"乌拉滑子"比拼速度和姿态。到了清代，滑冰在民间变得普及。光绪年间刊印的《燕京岁时记》记载，这些民间开展的滑冰活动一直流行到清末，经久不衰。

辽宁的冰雪运动，以雪最为著名，像北京冬季奥运会上，辽宁运动员拿到的两块金牌，韩晓鹏的男子自由式滑雪空中技巧和徐梦桃的女子自由式滑雪空中技巧全部是雪上项目，徐梦桃还担任了北京冬奥会闭幕式中国代表团旗手。此外像为辽宁省获得冬奥会奖牌和各级滑雪锦标赛冠军的郭丹丹、徐囡囡、李妮娜、贾宗洋等人，也都是来自雪上项目。

著名评书表演艺术家、中国曲艺家协会原主席刘兰芳是北京冬奥运动员徐梦桃的亲姨姥姥，当徐梦桃获得奥运金牌后，刘兰芳以她最擅长的评书，播讲了徐梦桃的成长故事："1990年夏天的一个上午，在辽宁鞍山一个普通的民房里，传出一阵女婴呱呱落地的哭声。"刘兰芳讲述说，徐梦桃从4岁起就开始练体操，她的爸爸非常

徐梦桃生活照

冬季到辽宁来滑雪

喜爱运动，无意中发现自己女儿身体柔韧性很好，就把女儿送到鞍山体校体操班，并对她进行体能训练，每天骑着自行车，让她跟在后面跑。邻居看见了，责怪徐梦桃的父亲，怎么这样不心疼孩子呢？徐梦桃的爸爸解释说，自己这是在锻炼、培养她。徐梦桃7岁时，又被爸爸送到外地体操队，学练体操，从此走上了辛苦的寻梦之路。徐梦桃先后到辽宁、沈阳等体操队，小小年纪，却从来不叫苦，不怕累，12岁时就在辽宁省九运会上获得了跳马、平衡木、自由操等项目三金两银一铜的好成绩。徐梦桃13岁时，考进了沈阳体育学院，改学滑雪，开始了自由式滑雪空中技巧训练。经过短短几年的训练，2007年收获了个人首个世界新人奖杯和中国第一个世青赛冠军；2009年在莫斯科夺得第一个自由式滑雪空中技巧世界杯冠军；2013年获得这个项目挪威世锦赛冠军。自由式滑雪空中技巧世界杯加拿大勒瑞雷斯站比赛中，徐梦桃获得自己第27个世界杯个人项目冠军，加上团体项目的7枚金牌，共获得34块世界杯金牌，并且也是这个项目世界最高得分纪录保持者（116.9分）。直到北京冬奥会，她终于夺得金牌……

每逢下雪，是孩子们最欢乐的时候，堆雪人，打雪仗，雪地足球，这些来自民间的只属于冬天的体育运动就成了孩子们课余的首选。近年在沈阳的东北亚滑雪场、棋盘山滑雪场、白清寨滑雪场，游人爆满，比冰更柔软更浪漫的雪成了广大游人的首选。

据国家统计局发布的《"带动三亿人参与冰雪运动"》统计调查报告》显示，辽宁参与冰雪运动人数排名全国第四；参与率排名全国第三，达到53.83%。乡村公路、民用机场、高速公路与高铁联运叠加通达，"自驾+高铁"让辽宁成为出行便捷的冰雪文化旅游宝地。目前，辽宁全省有旅游资源3.5万余处、文化资源99万余处，这些资源见证了辽宁自然、历史的演进和发展，为大众冰雪场景建设提供了良好的条件。

怕冷，是人的天性，但是雪不是冰冷的，与雪为伴，其乐无穷，将近100年前，诗人徐志摩就曾感受到雪花所带给他的快乐。"假如我是一朵雪花，翩翩的在半空里潇洒，我一定认清我的方向——飞扬，飞扬，飞扬——这地面上有我的方向。"雪是大自然赐予人类最为美妙的事物之一，如果我们不去体验，不去感受，那真是错过了人生一段美好的记忆。

福地的前世今生

——沈阳奥林匹克体育中心

辽宁曾经创造过"十冠王"的足球辉煌，也曾承担了国家队出线的重任。一路沧桑，风云变幻。球队在变，球场也在变。但是，球迷火热的心一直没变。

2024年春天，随着辽宁铁人足球队主场的确定，沈阳奥林匹克体育中心瞬间成为球迷的网红打卡地。

位于浑南的沈阳奥体中心，从哪个角度看都是一个字：美。

巨大的翅膀飘落到绿色山丘上，通透的屋顶拥抱着太阳。不但外表美轮美奂，给人以跨越时空的灵动感觉，而且内在功能优异，有效地调节光、热、风的影响。能容纳6万人的奥体中心像是一个巨大的水晶皇冠，皇冠中轴线的延长线与沈阳故宫中轴线相连，而皇冠两侧的橄榄叶象征着和平、友谊，这与奥运精神相吻合。

奥体中心沉寂了7年。新的主人辽宁铁人原来名叫"沈阳城市"，2024赛季到来之前的更名和换地，给球队带来新的气象，也给奥体中心带来新的活力。

虽然前几场客战成绩不够理想，但是主场首秀2∶0战胜苏州东吴，这也让到场的一万多名球迷感觉很爽。紧接着又一个主场2∶1拿下了前来挑战的江西庐山，到场球迷人数翻成了两万。

在粉色海洋里飘扬着红红的大旗，上面写着"我做主"三个大字，不无自豪地表达了铁人的一腔热血和满怀豪情。

到了6月，奥体中心足球热将再度升温，2026年美加墨世界杯预选赛亚洲区36强赛第5轮中国男足国家队主场与泰国国家队的比赛在沈阳奥体中心进行。

沈阳堪称中国足球的福地。2001年，在沈阳的五里河体育场进行的世预赛十强赛上，中国队取得四战全胜的战绩，历史上首次跻身世界杯决赛圈。最后一场是10月7日，中国队1：0击败了阿曼队，在历史上第一次也是唯一一次闯进世界杯决赛圈。

关于五里河那个激情燃烧的夜晚，我有着与众不同的记忆。当时我担任《足球周报》总编，副总编姜末带着记者赵植萍、张林栋和王慧媛驻扎在沈阳采访，我和美编王华策划制作了一份号外。当时也没有数字印刷技术，只能在6日晚上付梓，7日一早印出来。一万份号外随着大连黑狮啤酒组织的球迷大巴运到了沈阳，立即在五里河体育场门口被抢光。赛前，刘建宏在央视直播间做了展示；赛后，米卢也拿着号外拍照。当时《体坛周报》名记马德兴拿到这张号外，向姜末提出疑问："号外，是新闻，你这上面就印了几个人头几行字怎么是号外呢？"姜末遂提请他翻过来看。他仔细读了我创作的那首60行的长诗《今夜，我们为你欢呼》后，连声道："好诗好新闻！"诗中说："五里河擂响胜利的战鼓，足球城点燃喜庆的爆竹。历史老人在这一刻眉开眼笑，中国球迷在这一夜纵情欢呼。沉睡了四十四年的世界杯之梦，终于在北国大地上复苏。拼搏了四十四年的黄皮肤健儿，终于昂起了本不该低下的头颅。"

说实话，写这首诗的时候，我根本没有去过五里河体育场，我完全是在为五里河魂牵梦绕的心境下一气呵成的。

沈阳球迷都知道，奥体中心与当年的五里河体育场很有渊源。五里河体育场始建于1988年，原址位于沈阳市青年大街南端。1990年4月29日，辽宁足球队在这里1：1战平日本尼桑队，揽得亚俱杯

夜色中的沈阳奥林匹克体育中心

球迷在沈阳奥体中心观看比赛

冠军奖杯，谱写了中国足球一飞冲天的诗篇，也让全国球迷体验了少有的幸福感。

后来，沈阳成为2008年北京奥运会的分赛场，而五里河体育场因硬件条件不符合奥运会的要求，于2007年2月爆破拆除。2008年5月，迁址沈阳浑南地区的五里河体育场投入使用，并更名为沈阳奥林匹克体育中心五里河体育场。后来，随着时代的变迁，"五里河体育场"这几个字就隐去了。

但是，五里河的血脉一直在沈阳奥体中心体育场身上流淌。据说，体育场当时在建设中创造了多项全国第一：每个主拱墩水平推力约3600吨，在全国是首例；整体跨度全长360米的钢结构桁架主拱在全国所有钢结构工程中为第一跨度；1524毫米直径的钢管机械成型和机械煨弯，创造了国内新的纪录；梁板结构的长度为13米的预制看台板在全国是首例；在体育场整体混凝土结构中，完全靠预制看台板和框架梁、框架柱的结构框架来抵抗地震力，这也是全国首例……凭着这样的身板，在2008年北京奥运会期间，沈阳奥体中心共承办了12场足球比赛，接待了14支参赛球队、406名运动员和随队官员，其中中国队的前两场小组赛也在这里进行。

此后，奥体中心以体育场为中心又建造了综合体育馆、游泳馆、网球馆等场馆，形成了"一场三馆"布局。主体育场是奥体中心的主体，延续着五里河体育场的使命与传奇，各个场馆承接各类体育赛事，构成了现代沈阳城文体旅融合发展的亮丽景观。

2013年9月，第十二届全运会如约来到辽宁，沈阳奥体中心既是开幕式所在地，又是本届全运会的主赛场。全运会后，沈阳奥体中心既是运动健儿的逐梦舞台，又是全民健身的理想场所。

成为铁人足球队的主场之后，奥体中心完全找到了当年五里河的感觉。球迷像河流般动起来，球队如舟船般奋力向前。作为一名阅历深厚的老辽宁队队员和国脚，孙卫对沈阳的新老五里河都充满热爱和感恩。他说："亚俱杯夺冠在五里河，一晃30多年了。当时球迷的那种热情让我永远难忘。现在球队不同于当年，但是辽宁队的东北虎精神是可以传承和发扬的。我们要一场一场地踢出更精彩的比赛，让更多辽沈球迷回到赛场看台，让辽宁足球重新振兴起来！"

2024年春天，辽足大帅李应发特意跑到沈阳奥体中心看了辽宁铁人队的主场首秀。他发微信跟我说："五里河和奥体中心都是足球福地。我相信国足能够赢得生死战，也相信辽宁铁人能够取得好成绩。"

凤凰涅槃

——沈阳铁西区体育中心

一代文豪郭沫若有一首诗名叫《凤凰涅槃》，诗中满怀深情地写道："我们新鲜，我们净朗，我们华美，我们芬芳"。

用这首诗的意境来体味焕然一新的沈阳铁西区体育中心，是非常贴切的。

沈阳市铁西区，沿着二环快速干道蜿蜒西北，重工街与北四路交会处，坐落着一座标志性建筑。从高处俯瞰，如凤凰展翅，充满魅力，这就是有"主场福地"之称的铁西区体育中心。

我们新鲜。涅槃新生的铁西区体育中心更好地满足人民群众对多层次、多样化体育运动、体育赛事的参与观赏需求，再度成为沈阳人自豪的城市名片。改造后场馆的造型、外立面形式、特色元素保持不变。总投资4亿元，建成"一场、三馆、五分区"的多元化、全方位、数字型文体活动综合体。作为核心建筑的铁西体育场，充分体现新鲜的理念和感觉。内部草坪重新种植后满足足球比赛要求，看台下的配套用房将建设7000平方米的公共安全教育体验馆，还建设了共享休闲茶室、文创产品创新中心，配套建设沉浸式餐饮中心，采用特殊的装修设计，如暗光环境、投影幕布等，营造神秘、浪漫或奇幻的氛围。最值得称道的是铁西体育场的人性化看台设计。体育场有4个观众出入口，根据设计标准，如果场内坐满了3万观众，全部疏散到平台只需要4分钟，疏散到场外10分钟就会完成。球迷看台的角度，铁西体育场设计得更为人性化，现场球迷身体不必前倾，可以用舒服的坐姿欣赏比赛。同时，场馆还采用了最新的节能技术，为观众创造良好的观赛环境。此外，体育场的顶棚覆盖范围比较广，雨天可以遮雨，夏天能够防晒，顶棚覆盖之处还能够达到一层看台。而且，体育场外面有2000个停车位，车辆流动的时候不会形成堵塞。

我们净朗。铁西区体育中心毗邻沈阳市内最大的森林公园，拥有近360°观林面，贯穿的慢行线串联起体育场和森林公园的公共空间。这也让市民和观众拥有难得的净朗享受。升级改造原铁西体育馆，建设气膜综合馆和气膜室内戏水馆，馆外新增两块人造草坪足球训练场，馆内升级大屏幕、灯光、音响系统，可以举办各类比赛及文艺演出。气膜综合馆内部建设8泳道标准游泳池、室内标准足球场、篮球场、网球场、羽毛球场、高尔夫球练习场。气膜室内戏水馆建设摇滚冲浪池、潜水训练池、风洞体验馆以及其他各类戏水项目。净朗的享受来自多元的服务。按项目功能区分，体育中心打造出体育文化演艺区、体育元宇宙数字区、多氧运动区、家庭运动综合区和文创孵化区。

我们华美。在沈阳，坐落着大大小小不少体育馆。这些功能强大的体育场馆，既是文化交流的热土，也是这座城市不可忽略的重要地标。铁西区体育中心是除奥体中心外，沈阳地区规模最大、功能和建筑设计最专业、规范的体育场馆。在这次改造中，铁西区体育中心让人们切身感受到，体育已经成为生活与美学的渐近线。原有标志物，如国足冲进世界杯时五里河体育场的"大喇叭"、辽宁籍的体育冠军展示等，全部修旧如昔，留住市民回溯过往的精神遗存。同时改造又处处充满了元宇宙技术、虚拟现实技术等。在这里，市民可以通过全场景的沉浸式媒介，体验高含金量的顶级赛事IP，实

铁西区体育中心足球场

铁西区体育中心篮球场

现数实融合、身临其境的观赛体验。在这里，通过数字+智能元宇宙技术，还为热爱运动的残障群体、老年群体提供了一个充满包容和关爱的体育生活系统体验。

我们芬芳。芬芳来自美好的记忆，芬芳来自更新的憧憬。2023年启动的"焕彩铁西文体新标识"工程，把封存在许多人记忆中的青春和热血重新唤醒。沈阳人记得，铁西体育场和体育馆始建于2005年。沈阳作为2008年北京奥运会的足球分赛场，铁西体育场是按照奥运会沈阳赛区备选体育场标准修建的，整个赛场的草坪、座位、安保等各项设施都比照奥体中心的标准来建设施工。当时，为了配合体育场的总体规划，铁西体育馆也在附近破土兴建。2007年3月，铁西区体育中心被正式列入奥运会足球比赛备用场地，铁西区政府追加投资，按奥组委要求进行整体布局。2008年4月，奥组委考察后，对铁西区体育中心的综合运载能力给予充分肯定。2008年6月，铁西区体育中心竣工。2008年8月29日，铁西区体育中心迎来了第一场比赛——中国足球协会超级联赛，主场作战的辽宁宏运队1∶0击败长沙金德队。2009—2011年的两个赛季，它作为辽宁男篮主场，与辽沈球迷一同见证了辽篮的辉煌。2012年诺亚方舟五月天世界巡回演唱会沈阳站、2012年韩庚寒更·庚心世界巡回演唱会沈阳站、2018年绝色莫文蔚25周年世界巡回演唱会沈阳站、2019年谭咏麟银河岁月40载巡回演唱会沈阳站……十几年来，铁西区体育中心为国家、省市级各类重大体育赛事和文艺活动提供着优质服务保障，给沈阳也给世界留下了深刻印象。这些印象叠加起来，就是一幅幅画，一首首诗，一曲曲歌，就是一个献给新时代的芬芳的大花篮。

铁西区是拥有着130多万常住人口的老工业区，也是沉淀出新美朝气的新先行者。在绚烂历史背景下走来的，是全新涅槃的铁西区体育中心。或许你会发现，它的外表并没有多大变化，依旧是那个模样，那个风格。但是，它的内在却完全更新了，包括管理运营的所有人头脑和思维也都随之经历了一场跨越时空的升级换代。

我们有理由相信，这个新型体育服务综合体，必将满足群众高品质、多样化的体育健身需求，努力构建更多时尚前卫、创意新潮的高品质体育健身场景，成为沈阳西部的"金凤凰"。

无足球，不沈阳

——沈阳市工人文化宫

想写一篇关于沈阳足球的文章的念头由来已久。沈阳是中国足球的福地，米卢带领中国男足从这里冲进世界杯的事情，几乎众所周知，总部设在沈阳的辽宁足球队有过豪取国内联赛"十连冠"和亚俱杯冠军的辉煌，也几乎众所周知，但是关于沈阳自己的足球却再难找出众所周知的事情了。

抛开辽足，关于沈阳足球我们还能够想到什么，或者说我能想到什么？首先，我想到了参加过1994年首届甲A联赛的那支沈阳六药队，也就是曾经的沈阳海狮、沈阳金德。始终成长在辽足和大连队阴影之下的沈足从没有获得过顶级联赛的前三名，现在想来即便是能够让我等沈阳球迷激动的时刻，也只有三个。一个是在朝鲜三驾马车李昌河、赵仁哲、卓永斌带领沈阳队冲A成功的那一年，这似乎奠定了沈足依靠外援的传统。第二个时刻自然是1999年甲A最后一轮与前卫寰岛的保级战，埃迪瓦多补时阶段的入球让所有沈阳球迷热血沸腾（但多年后广大球迷才得知自己实乃激情错付）。最后一个时刻是2000年沈足在主场五里河体育场3：0战胜了山东鲁能队，我当时就坐在场内，沈足1：0领先时，球迷们开始喊"2：0"；2：0领先时，全场球迷又开始高喊"3：0"。那一年在涅波的带领下，沈阳队最终联赛排名第七。2006年，沈阳金德将主场迁到了湖南长沙，日后又分别去往深圳、广州，我所知道的沈足也像大连队那样从中国足球的职业版图上消失了。

在沈阳，有一所和大连东北路小学同样知名的以培养足球人才而著称的勋望小学。勋望小学每年会组织各年级足球联赛，从一年级到六年级，全校没有一个班级可以不参加联赛，全校没有一个学生不知道足球。勋望小学能够培养出董礼强、肇俊哲、徐亮、王霄等国脚并不让人感到稀奇。其中肇俊哲对于中国足球的意义不会仅仅是他在世界杯上踢中了巴西队的门柱，也不是他成了与郑智、杜震宇同样获得过中国足球先生荣誉的沈阳籍球员，而是辽沈球迷在他告别赛上打出的横幅"一生一世一肇队"。很多年前我记得有人写文章说，马尔蒂尼之所以没有离开米兰，是因为米兰缺少一个让他离开的理由；对于肇俊哲而言，他有一百个离开的理由，而他选择了留下。勋望小学如今成了沈阳的重点小学，我希望这个重点的头衔不会辜负孩子们踢球时洒下的汗水。

曾培养出董礼强、肇俊哲、徐亮、王霄等多位国脚的勋望小学

沈阳市工人文化宫内的足球场

手拿"山海有情 天辽地宁"横幅的球迷

在沈阳，我还有一个朋友，他和他的伙伴们组织了一支业余的足球队：铁西工业足球俱乐部。他们球队也有属于自己的历史："铁西工业足球俱乐部成立于2000年9月1日，球队地处具有'东方鲁尔'之称的中国著名工业区辽宁省沈阳市铁西区。由于创始球员多为沈阳铁西人，队员们的父辈多在铁西工厂工作，为向父辈及铁西辉煌的工业历史致敬，2015年确定名称为铁西工业足球俱乐部。"他们的"主场"就设在铁西区的沈阳市工人文化宫。夏季的晚上，文化宫的足球场也成了铁西区的一景，周边很多吃完了晚饭的市民会围绕在球场周围看球。我始终认为，民间足球的精神和工业、工人的生存状态是一致的，足球应该是单纯、朴素而粗粝的，唯此民间足球才可长久地发展，沈阳城有成百上千支业余足球队，但能够坚持24年的并不多。

这几年中国的职业足球在一些商业大鳄的操纵下显得异常热闹，但热闹的背后是一些城市周末空旷的足球场、一些已经许久没有足球在滚动的学校操场，反而是沈阳的足球，并没有因为沈足的消失而冷清下去，正如刘禹锡诗言："沉舟侧畔千帆过，病树前头万木春。"

香克利说，足球无关生死，但足球高于生死。对于很多沈阳人来说，足球只是生活的一种，但足球是一种更高的生活。

100，8，55，12

——大连足球博物馆

　　2023年春天建成并投入使用的大连梭鱼湾足球场，是大连首座国际标准专业足球场，也是中国唯一的三面环海的足球场。它拥有6.3万个座席和2.2公里长的慢跑坡道，以海浪和海螺的优美造型与无障碍环境建设引起全世界的热切注目。2023年，大连梭鱼湾足球场不但迎来了中超主场球迷的美好时刻，而且承接了中国国家队热身赛和国奥队的奥运会预选赛，迅速成为中国球迷网红打卡地。值得赞扬的是，这座专业足球场高品质打造了大连足球博物馆。

　　大连，是中国著名的足球城。在这片土地上，足球就像太阳，温暖着每一个大连人的心灵，照亮他们浪漫而又充实的生活。

　　大连是中国现代足球的发源地之一，开展足球运动已有100多年历史，第一支专业足球队中华青年会足球队成立于1921年3月10日。大连是中国足球出人才最多的城市，从中华人民共和国成立到2023年，从这里走出来220多位男女国脚。作为中国第一个足球特区，大连在足球改革发展中走在全国前列。职业联赛以来，大连先后8次夺冠，创造连续55场不败奇迹，女足和青少年足球也多次夺得全国冠军，群众性足球运动一直开展得如火如荼，特别是"第12人"与球队风雨同舟的加油助威和在足球文化方面守正创新的持续奉献，赢得全国球迷的由衷赞赏。2019年，大连赛区以场均球迷32853人获得中超最佳人气赛区奖。

大连足球博物馆内的雕塑

走进梭鱼湾足球场二楼大连足球博物馆的外厅，一组精美的雕塑艺术地展示了"100""8""55""12"所蕴含的丰富历史和可贵精神。而在足球博物馆的内厅，徜徉百年时空长廊，琳琅满目的图文和实物以主题的形式讲述了足球城生动感人的精彩故事：《百年沧桑》《辉煌岁月》《铿锵玫瑰》《疆场今昔》《健将摇篮》《国脚星光》《绿茵热土》《文化风采》《难忘镜头》《第十二人》《光荣印记》《经典故事》……

足球博物馆里，最让大连球迷难忘的是辉煌岁月的印记。1984年，大连足球队成功晋级全国足球甲级联赛。中国足球职业化后，万达成为第一支创造王朝的球队，其重要标志是创造两大中国足球顶级联赛纪录，一个是顶级联赛55场不败，另一个是1996年单赛季保持不败。1996年，我在万达足球俱乐部做副总，目睹迟尚斌带领球队创造的奇迹。这一年，有了高水平外援助阵的大连万达三线人员配置合理，以12胜10平积46分的战绩，提前一轮夺得甲A联赛冠军，也创造了单赛季不败的纪录。

展览之中，最让大连人自豪的是，中华人民共和国成立以来，从这里走出了一代又一代一共220多位国脚。这些英雄的名字已经刻在中国足球奋发进取的名册上，刻在足球城球迷的心里。他们的闪光足迹，折射出足球城深厚的足球底蕴，从一个独有角度，见证了大连为中国足球做出的特殊贡献。1955年10月30日，包括7名大连造船厂球员在内的中国队战平苏联泽尼特队，毛泽东与足球队队员握手的大幅照片在《人民日报》头版发表。在历届国家队中，大连国脚在数量上占有绝对优势。其中包括后来成为名帅的戚务生、迟尚斌、李应发、谷明昌等。1986年国家足球队体制改革，组建红黄两队。红队是在全国各队挑选的优秀球员，黄队就是上一年全国联赛冠军辽宁队，两队共拥有19位大连国脚。大连国脚有一个特

大连足球博物馆一瞥

点，担任国家队队长的特别多，从第一任队长王寿先开始，李朝贵、孙福成、陈家亮、戚务生、迟尚斌、朱波、贾秀全、徐弢、李明、张恩华、季铭义、冯潇霆等十几位大连国脚先后戴过国足队长袖标。大连国脚还有一个特点，就是守门员较多，其中有马绍华、李福胜、许建平、傅玉斌、安琦等。20世纪80年代以来，大连女足先后向国家队输送了钟红莲、张巍巍、李亚廷、于红旗、张岩、郑茂梅、陈爱红、周阳、周华、周新铭、韩文霞、王健、汪琪、马晓旭、韩端、毕妍等优秀运动员，为中国女足的发展做出了独特贡献。

大连的足球文化建设，一直走在全国前列。职业联赛以来，以1996年万达俱乐部队徽、队旗、队歌、吉祥物征集活动为标志，开启了足球文化新实践。教师大厦长联、百面威风锣鼓、首创足球宝贝、系列巨幅标语……彰显了足球城独特风采；1200名球迷跨海赴天津助威、800名球迷乘弘酱号旅游专列赴廊坊助威等活动，展示了城市文明形象。在大连，签名足球成为亲友交往的贵重礼物，民间流传的"大连十二怪"之一就是"踢足球小伙长得帅"。"徒步走到体育场，打锅滚子看足球"，成为市民的健康生活方式。大连媒体特别重视足球报道。大连新闻传媒集团文体频道前身是足球频道，《棒槌岛周报》《大连晚报》曾设置足球专版。1996年11月，《中国绿茵梦之旅》等"大连足球系列丛书"出版发行。2001年10月，中国队打进韩日世界杯，大连《足球周报》出版了中国唯一的号外。2003年，出版《绿茵王朝》一书。2005年，出版《睹球》一书。

展厅里，有一张巨幅黑白照片是我在《足球周报》当总编时编发过的一个传奇历史故事。事关大连球迷毕崇明保存的1977年中国国家队部分球员在中国驻墨西哥大使馆门前的合影，合影是当年在大使馆工作的哥哥邮寄给他的。在这张照片上，有国家队主教练张宏根，有迟尚斌、林乐丰、黄向东等多名大连籍国脚，有33岁的普马斯足球俱乐部主教练米卢。28年后的2005年1月，毕崇明拿着这张照片来到《足球周报》找我，让我特别欣喜和震惊，于是在28日出版的《足球周报》上面首次独家发表这张照片和相关人物的采访录。2000年，迟尚斌成为米卢的助理教练，米卢多次向他提起"我们见过"，他没在意。迟尚斌看到照片才恍然大悟："怪不得米卢说他见过我！"时任《大连日报》编委的刘宗举看到报道后，立即做出超常规安排，次日《大连日报》在第一版转载了图文。转眼17年过去，2022年，毕崇明有幸亲手把放大装帧的照片赠送给米卢，米卢对我们说："十分敬佩和感谢大连对中国足球的特殊贡献。"这段佳话，见证了中国足球近半个世纪的大连缘。

在大连足球博物馆创建的那些日子里，专家组每天都在梳理也都在感叹。我撰写了13首七绝藏头诗来概括表述13个展览主题的思想内涵。《辉煌岁月》诗曰："辉映朝霞展翅飞，煌煌八度捧金杯。岁逢平胜真不败，月有圆缺梦可追。"《第十二人》诗曰："第一反应是同行，十指连心骨肉情。二者并肩手携手，人人都爱大连赢。"

诗被悬挂在了墙上，我的心一直难以平静。

蓝色血脉，第十二人
——大连市足球球迷协会

2024年的春天对于足球城大连的球迷来说，是寒冷的。因为他们的球队"大连人"不仅降级，而且解散。但是，更名为"英博"的中甲球队，却在主场梭鱼湾足球场一下子拥有了2万多名球迷。甚至，到了1月13日"英博"主场迎战"辽宁铁人"的时候，提前十天就一票难求了。

大连球迷是很可怜的，也是很可敬的。

大连市球迷协会最早宣告成立于1984年秋，与晋升甲级行列的大连队相伴而生。1996年4月，正式注册的大连市球迷协会打造了"万达队徽、队歌征集""最长足球对联""1200人跨海赴津助威""第一支足球宝贝"等足球文化经典活动。

大连市足球球迷协会于2011年5月在市民政局注册成立，接受大连市体育局指导，现有注册会员5400多名。

我常说，黑白是最美的颜色，一如这座城市的足球。大连球迷爱球、懂球，喜欢评球，足球成了他们生活的重要内容，他们也通过足球为城市增添了色彩。这个群体有一个最大的特点，就是文明。早在1985年柯达杯赛在大连举行时，时任国际足联主席的阿维兰热就评价说："大连球迷文明而镇静。"

近年来，大连市足球球迷协会多次与市文明办携手，向球迷发出倡议，做文明球迷，为城市添彩。这些倡议，已经转化为大连球迷的自觉行动。2019年6月，球迷协会组织800人的旅游专列赴廊坊客场加油助威，球迷们不但井然有序，热烈呐喊，而且在比赛结束时主动打扫赛场，收拾垃圾，给媒体和当地球迷留下深刻印象。在球迷队伍中，涌现出一代又一代具有个性的文明球迷。球迷报童，曾以礼帽为标志，带动球迷在各个看台掀起人浪。花甲之年，他又组织起球迷义工志愿者团队。80多岁的老会长张俐，老当益壮，鞠躬尽瘁。球迷王大爷总是赤膊上阵，挥舞大旗，带领全场加油。2005年去世的职业球迷大牛，曾用嘶哑而有力的声音高喊"打右路"，给球迷带来无限欢乐。已故球迷领袖、大型助威活动组织者于辉，已故文化球迷、四大扯之一邓德轶，这些人的名字都镌刻在足球城的星光大道上。

大连球迷是一群热爱城市、热血澎湃的球队拥趸。大连市足球球迷协会是一个团结战斗、积极向上的社团组织，会员们身上流淌着蓝色不息的血脉。二十几年来，大连足球风风雨雨，起起伏伏，但是球迷们始终不离不弃，休戚与共。

大连球迷的团结在全国都是闻名的。经过多年协调整合，职业联赛以来陆续形成的"气势如虹""旗战""聋人球迷"等球迷团队和各县市区球迷组织，现在统一行动在这面三色大旗之下。球迷就像蓝色海浪，推动着足球运动的帆船，在阳光下风雨同舟，奔向远方。

2018年11月11日，大连市体育中心体育场破纪录地涌入5万多球迷，与一方将士一起打赢了中超保级关键一战。赛前，市球迷协会与市广告协会和某广告公司合作，迅速在全市一百多块LED屏上展示深情告白大连足球的女球迷视频，并打上醒目字幕："大连女孩别哭，大连男人不输！最后一场，加油！"极大渲染了为城市荣誉而战的情绪。紧接着，市球迷协会又和大连交通广播合作，全天一

球海洋，这里是大连！　　　北方明珠，足球海洋，这里

全大连，共战斗，我就

大连球迷在梭鱼湾足球场观看比赛

百次滚动播出爱心倡议，吁请各界为球迷助力，给一方加油。比赛当天球迷们穿着蓝色衣服进入体育场，汇成蓝色海洋，在市球迷协会和各媒体的充满正能量的舆论引导下，市体育中心上演了一台足球城前所未有的名为"保卫大连"的大戏。

时任市足协主席王有台说："震撼无比的场面令我们久久难忘，在大连足球史上抹下了浓重的一笔。背后是市球迷协会精心的策划和组织，把工作做到了极致！"

球迷协会执行会长常军和战友们说："我就喜欢大连赢，大连不赢都不行。这场保级大战的胜利，让我们更加热爱城市，更加热爱足球。"

足球文化，是大连球迷的助威载体，也是大连足球的精神创造。在这些文化作品中，大连球迷的热情、真诚、朴实和幽默，多有千姿百态的呈现。

多年来，球迷协会副会长、绿茵体育董事长王桂华和副会长、岩羚体育董事长金海光等人致力于文化建设，奉献很多能量。在大连体育嘉年华开幕式上，大连球迷角正式揭牌。位于绿茵体育的这个球迷沙龙传承30年前的民间传统，为球迷提供多层次多角度服务。岩羚打造的各种球队衍生品极大地丰富了球迷生活，激活了球市的热情。一件件球迷文化衫汇成蓝色海洋，足球文化渗透在球迷生活和城市文化的许多细节里。

2019年4月，由亚足联和中国足协官员组成的考察团在大连就亚洲杯申办进行全面考察。大连市足球球迷协会与大连市青年公益事业促进会联手创意策划，仅用3天时间，在全市征集到了30幅漫画家作品和114幅儿童四联漫画作品。画册送到陈述会现场时，考察团成员深有感触地说："这座城市里的孩子都如此热爱足球，还有什么比这更让人感动的呢？"

大连市足球球迷协会在梭鱼湾主场用巨大 Tifo 展示足球文化

大连的看台Tifo（可覆盖看台的大型横幅或拼图），一直在展示着城市文化的风采。2023年6月16日国家队比赛当天，大连市足球球迷协会在大连梭鱼湾足球场看台升起的全国最大的赛场Tifo，由球迷书法家张胜九书写的"大爱连心，心系国足"8个大字展示了大连城市的情怀，代表了全国球迷的心愿。7月2日晚上，大连人足球队第一次踏进梭鱼湾足球场，球迷们就在北看台展示出更大面积的连环Tifo，犹如巨大的宽银幕影片，伴随《大海啊故乡》深情的旋律，讲述了百年足球城的7个历史故事，让全国球迷都为之震撼和感动。

冬天悄然逝去，春天已经到来。在足球城大连的城乡，960多块足球场每天都在上演着热火朝天的足球故事，故事的主角永远是球迷。这里的一块足球场地，都应该也能够成为新时代文体旅融合的网红打卡地。

足球明星的摇篮

——东北路小学

　　大连的东北路，是一条贯穿南北的交通干线。东北路中段路东边的东北路小学，是一处别致的体育网红打卡地。每天从早到晚，这里都会有许多观众站立在栏杆外面往里看，对于足球城大连来说，这显然是一道别致的风景线。

　　我对东北路小学的外观印象，就是身处闹市，闹中取静。偌大的绿茵场上不时有足球飞舞，静水流深。据史料记载，东北路小学始建于1926年，当时名字叫圣德小学，音乐家谷建芬童年曾在这里就读。1946年学校收归国有，1961年定名为东北路小学。学校目前占地面积24900平方米，建筑面积13800平方米，绿化覆盖面达100%。

　　大连有一句方言叫"展扬"，意思是自豪和骄傲。在大连这座足球城里，东北路小学最令人"展扬"的事情就是从这里先后走出了近百名国脚。我说的国脚，包括曾经进入国家队、国奥队、国青队的队员和女足国家队队员。此外，东北路小学先后共有400多名学生成为全国足球甲级以上球队的队员。所以，说东北路小学是"中国足球的黄埔军校"，这话不为过。

　　在东北路小学的足球陈列馆里，一串串国脚名字像星星一样闪着光芒，其中有盖增圣、贾秀全、孙卫、大王涛、徐弢、张耀坤、王鹏、董方卓、冯潇霆、赵明剑、于汉超、周挺、王大雷、马晓旭

东北路小学的孩子们在进行足球训练

等。这些人都用自己的脚走出了与众不同的星光大道，而共同的起点都是东北路小学。

盖增圣无疑是其中最为特殊的一颗星。他兄弟四个都是足球人，在大连有"盖家四杰"的美誉，与迟尚斌兄弟"迟氏三雄"齐名。作为运动员，他先后进入国青队、国家二队和集训队，1962年被评为全国十名优秀足球射手之一。而作为大连市体育运动委员会的主要领导之一，正是因为他的正确坚持和执着推进，才使得改革开放后的大连体育呈现出以足球为重点、多点开花的可喜局面。在他的领导下，1983年建立了大连足球队，1984年球队冲进甲级队，结束了"只有大连人没有大连队"的足球城尴尬历史。1991年，盖增圣提出了创办大连足球特区的梦想，后来梦想照亮了现实。

2005年，《竞报》有一篇《中国足校生存报告：神奇东北路46个冠军货真价实》给我留下很深印象。当时国家青年队在世界排名第十，追本溯源，中国足球算是尝到了青少年培养的甜头。单单大连东北路小学一家，就几乎挑起了本届国青队的大梁，贡献了7名主力。

究其原因，时任东北路小学党委书记接受采访时说，"乐学、创新、求美、健体"是学校的校风，言外之意是学校并没有刻意去将孩子雕琢成足球人才，而让孩子们茁壮成长从而成才的因素在于体制，在于一以贯之的素质教育，德智体美劳全面发展。到2005年，东北路小学一共夺得国内外高级别儿童足球赛冠军46个。这些都是货真价实的。

从东北路小学走出来的优秀人才，不都是踢足球的。中国文化产业协会副会长范周教授就是一个代表。2020年，他应大连市文化产业协会邀请回故乡做报告，他这样谈论自己的母校："1966年我就读于东北路小学，这里有中国最早的足球普及教育，每个班级都

东北路小学的孩子们夺得第二十四届"贝贝杯"青少年（12岁男子组）足球赛冠军

东北路小学操场上踢球的孩子们

有足球队，当时我是校文艺队的成员，也是校足球队的队员。东北路小学和毗邻的二十一中学孕育了很多当代文化、体育人才，这让我感受到'一文一体'，正是大连这座浪漫海湾名城最明显的文化特色。"

东北路小学校园足球的斐然成绩也得到国家和社会认可。从2019年开始，中国足协第十一届和第十二届执委当中有两任东北路小学的校长，这两任校长都是我的朋友。在他们看来，学校是一所拥有百年办学历史、文化底蕴深厚、足球特色鲜明的对外开放窗口学校。"以球育德，以球健体，以球促智"，小小足球成为这所学校五彩缤纷图画上的最美的底色，让"每一个孩子都健康，每一个孩子都阳光"的愿景，有效促进了学校、教师、学生、家庭的融合与发展。

东北路小学有一位教父级别的人物，就是总教练柳忠云。他是1953年生人，曾和林乐丰、盖增臣等人一起在辽宁队踢球，胞弟柳忠长也曾是辽宁队和大连队主力。1987年他走进东北路小学，一干就是30多年，作为默默奉献的老"园丁"，他带领的教练团队培养出了一批又一批的优秀人才。我和柳忠云是好朋友，2002年曾随大连足协代表团一起去韩国仁川探访参加世界杯的国家队。老柳最大的特点就是低调。凡是媒体采访，一概拒绝；出头露面的事情，能推则推。他总是全身心地投入教学工作，这也是东北路小学的师者风格。正所谓"桃李不言，下自成蹊"。对于足球教育，老柳有一个形象的表述："球踢得越臭的学习越不好。"这话也印证了这所足球学校成功的秘诀。

东北路小学校长认为，小学教育的核心是美，包括足球在内的所有教育，都是以美育人。2024年5月，国际中体联足球世界杯在大连举行。1月25日，国际中体联足球世界杯考察团来到东北路小学，他们走进足球陈列馆，参观学校足球文化走廊，观看学生足球训练课。一个有意思又有意义的细节是，孩子们向考察团成员赠送的礼物不是足球，而是绘画，是孩子们自己画的足球题材绘画作品。国际中体联主席劳伦特·佩楚卡说，东北路小学的足球教育做得十分扎实丰富，他们不仅在足球场上表现出出色的足球技巧，还通过足球锻炼表现出了自信、意志力和体育精神。他表示将把这些绘画作品摆放在中体联总部办事处，这也是办事处搬到瑞士洛桑后收到的第一份礼物。

我喜欢东北路小学，也喜欢去找校长和老柳唠唠嗑，但是又总怕打扰他们，所以更多的时候是在校园外面的铁栏杆前面驻足观看。我在想，我看到的，是中国足球的未来。

做一只快乐的鱼

——大连梭鱼湾足球场

梭鱼湾足球场的标识设计得很别致：抽象游动的3条鱼，构成球场美丽的外形，以现代时尚的图形揭示出"三生万物""年年有余（鱼）"的传统文化理念。

设计者于明龙原来是大连某纸媒的版式总监。他说，希望这个标识能够见证美，希望这里总有活蹦乱跳的鱼。

于明龙没有失望，他看到了"一天到晚游泳的鱼"。那一天下午，一场辽宁同省球队的比赛吸引了3万多球迷到场观战，而且球迷们一直喊着唱着跳着。他激动地说，这是2024年足球城大连最美的春天。

春天之美，不仅仅是赛事一波三折的惊心动魄，也不仅仅是球迷凭海临风的浪漫享受，更是梭鱼湾足球场自身的迷人魅力。

2023年，大连球迷为自己中超球队的保级而奔波在好几个主场之间。最远的普湾体育场，距离市中心有50多公里。"球迷"两个字是辛苦的。

最后大连人足球队还是降级了，而且无奈地解散了。

熬过了最难受的冬天，当春天来了的时候，一支陌生的中甲球队以英姿勃发的不败风貌赢得了球迷的喜爱，并且让久违的人浪在主场梭鱼湾又翻滚起来。

这个时候，爱海的大连人发现，梭鱼湾是真正的海洋，欢乐的

梭鱼湾足球场鸟瞰

大连梭鱼湾足球场

大连梭鱼湾足球场

海洋，每一位置身其中的球迷都是一条蹦跳的鱼。

大连球迷的发现有一个过程，就像恋爱。

2023年春天，在梭鱼湾足球场竣工之前，大连市足球球迷协会组织了20多位球迷代表来这里参观。负责建设的大连土地发展集团董事长耿树丰也是一个铁杆球迷，他的自豪感足以代表这个200万人的群体。

2019年12月，大连取得2023年亚洲杯赛事承办权后，市政府随即启动大连梭鱼湾足球场项目。项目于2020年10月开工，总占地面积约26.5公顷，总建筑面积约13.6万平方米，定位为6.3万席位的特级足球场。环绕球场有2.2公里的慢跑坡道，可以直达顶部观景平台，东侧配备2块天然草足球训练场及1座附属配套用房。

梭鱼湾足球场是我国唯一一个三面临海的海边足球场，也是大连市首个专业足球场。项目设计灵感来源于"海浪与海螺"，从海螺提取的螺旋上升曲线，寓意足球城大连炫彩叠浪，拼搏向上。建筑立面定色为"海洋蓝"，顶棚呈白色，寓意着"蓝海白云"，加上饰面波光粼粼的海浪效果，将大连的海洋文化和足球精神融于一体。置身于高区看台俯视球场，由蓝灰两种色调组成的座椅逐步渐变退晕，运用曲线和渐变手法，体现着海浪波动的翻滚形态，展现出球场积极活泼的观赛氛围和海洋城市的鲜明特点。

值得骄傲的是，屋面采用的建筑结构形式在国内堪称一绝。场地采用锚固草系统，配备的灌溉系统、采暖系统、排水系统及场地表面的渗水设计，均达到承办国际赛事使用标准。赛场场地一系列控制系统也具备举办国际赛事功能。

一座立足亚洲杯、面向世界杯的高端专业足球场，历时有效工期仅600余天，就实现了竣工使用，不能不说这是一个建筑的传奇，足球的传奇。

对于这个传奇有切身感受的，首先是国家队将士和龙之队会员。

2023年6月16日和20日，中国之队的两场国际比赛在梭鱼湾足球场举行。当很多大连球迷还没有认识梭鱼湾足球场的时候，来自全国各地的数千名球迷已经坐进了海浪之间，而且一下子就被震撼到了。中国著名职业球迷罗西，去过世界上几十个专业足球场看球，梭鱼湾足球场给他留下迥然不同的印象。他说："从大海岸边一条笔直的大马路上，远远就看到这个漂亮的足球场，真是美极了。"他说，专业球场与普通运动场是不一样的，在哪个角度看球感觉都不偏。大连球迷也很兴奋，16日比赛当天，球迷协会在南看台升起了1800平方米全国最大的Tifo，上面印着由中国书法家协会会员张胜九书写的"大爱连心，心系国足"8个大字，表达了梭鱼湾足球场所承载的心愿和梦想。

到梭鱼湾足球场看球的确是很方便的。从20世纪万达不败的老体育场到现在火爆的新足球场，这段路程才6.8公里。地铁四号线、地铁五号线、大连湾海底隧道、东北快速路都给球迷提供了便捷的交通。

梭鱼湾足球场还是一个无障碍建筑的代表作。2022年8月，中国助残志愿者协会会长吕世明来大连考察，特意去参观了梭鱼湾足球场。他驾驶电动轮椅环绕球场2.2公里的慢跑坡道徐徐行至球场屋顶，在屋顶观景平台放眼看海，看大连，不禁感慨万千。吕世明说："一座足球场像一条彩带环绕主体螺旋式攀升，可谓建筑创举。它不仅实现了无障碍的道路畅通，更是将无障碍与畅行、疏散、避障、漫步、休闲、观景等功能集为一体。这在中国是一绝，在国际上也不多见。"

2024年5月，梭鱼湾足球场迎来了全球最高水平的中学生足球赛事——国际中体联足球世界杯赛。来自17个国家和地区的20支女

大连球迷在梭鱼湾足球场为国足加油

2023 年 6 月，大连市足球球迷协会在梭鱼湾亮出中国最大 Tifo

队以及来自30个国家和地区的36支男队参加比赛。中国中学生体育协会选派了男女各3支队伍参赛，其中男女各1支球队来自大连。

　　大连的电话区号是0411。2024年4月11日晚上，大连在东港海边举办了一个题为"0411之光：你好，亲爱的大连"的无人机灯光秀表演。伴随着《我们一起飞》的优美旋律，1411架无人机在夜空里呈现出吉祥物"连联"踢球的动感画面，一脚将球踢进了梭鱼湾足球场。

　　大连有位艺术家名叫肖迪，他带领他的文化团队发明并实践了"尖叫美学"，制作了大熊"北北"等多个神奇的机械巨兽。我觉得，作为中华人民共和国版图上雄鸡报晓的地方，大连应该发出更多更好的尖叫。梭鱼湾足球场托起了这座足球城的新希望。从这里发出的欢快的声音，正是最美的尖叫。

　　大连球迷是幸福的，因为足球，也因为梭鱼湾。

这匹可爱的 "大马"

——大连国际马拉松赛

　　能够见证并且亲身参与城市的节日活动，是很荣幸的事情。我和"大马"就是。我本人没有跑过马拉松赛，就像没有踢过专业足球一样，但是命运却把我和这项世界级运动紧紧连在一起。

　　第一届大连国际马拉松赛是 1987 年 5 月 17 日举办的。那时候我在大连日报社的《棒棰岛周报》做体育版编辑。早已习惯了报道足球，足球城突然冒出了一场马拉松赛，大家都感觉很新奇。在此之前的 1981 年，北京举办了国内最早的马拉松赛，第二个举办的城市就是大连了。当时国际奥委会主席萨马兰奇在中国多个城市推广马拉松比赛，最后还是选择了大连。这也不奇怪，如果用大连人自己的说法，那就是"在中华人民共和国的版图上，大连是雄鸡报晓的地方"。大连人做事情喜欢传扬，也善于传扬，所以影响力很大。

　　这届马拉松赛路线起点在斯大林广场，沿中山路、五一路、西安路、华北路到南关岭折返，回来到港湾桥再折返回体育场。不难看出，这样一条路线的设计，将当时大连整个城市最时尚、最开放的一面展现在世人面前。比赛吸引了 37 名外国选手和 8251 名国内选手参加，他们身着统一服装奔跑在大连街头，成千上万的市民在路旁敲锣打鼓，呐喊加油，很有过节的气氛。

　　1988 年第二届"大马"，组委会邀请我担任主持人。比赛由 5 月改到了 11 月，起点和终点都在大连人民体育场。也正是在那届"大

1987年，第一届大连国际马拉松比赛现场

大连国际马拉松赛上密集的参赛人群

大连国际马拉松赛每年吸引着数万名国内外马拉松运动员和爱好者参赛

马"，杨道立和郑冰创作的"大马"主题歌《从雅典到大连》在现场由中学生合唱团首次演唱。歌词很朴实，旋律很浪漫，给我留下深刻印象："从高山到平原，从雅典到大连，健儿的脚步穿越过时空，大地留下永恒的纪念。奔跑吧，马拉松精神在召唤；奔跑吧，创造新成绩就在今天……"

"大马"有很多特点。其中最有意思也最有意义的就是路线的不断改变。这绝对不是随心所欲地改来改去，而是精益求精地追求完美。2001年10月28日，第15届"大马"首次将出发地点改在亚洲最大的广场——星海广场，此后连续8年在这里发令。2010年4月18日，第24届"大马"在大连开发区金石滩鸣枪开赛，这是该赛事首次移出大连主城区举行。这是出于当时大连城市改造以及地铁建设等原因而做出的改变。2016年5月22日，第29届"大马"在大连国际会议中心鸣枪起跑。这是应广大跑友的强烈要求，"大马"时隔5年再次回到市内举办，起、终点选在东港商务区，并首次实现央视全国直播。比赛路线是由国际会议中心出发，沿东人民路、中山路、星海广场外环路折返回东港商务区国际会议中心。其中，新增了东港商务区的港兴路、滨海路段。这些路线中包含了大连的14个地标性广场，尤其是大连国际会议中心，不仅成为大连新的地标建筑，更在2013年以后成为新领军者年会即夏季达沃斯论坛的新会址，从那时起，它就取代了星海广场成为"大马"的起终点直到如今。

马拉松是体力、耐力和意志的拼搏。在"大马"32届历史上，中国选手朱晓琳三次夺冠，分别是2002年、2005年和2006年，获得两次冠军的分别有中国男选手战东林、宫科、仲伟福和埃塞俄比亚的女选手塞夫·穆卢·塞博卡。

"大马"也涌现出许多"草莽英雄"。从大连举办马拉松比赛开始，李尧章老人参加了32届。老人以前是炊事员，跑步是他的爱好之一。至今他还保留着首届大连马拉松组委会发的T恤。2023年第33届"大马"，94岁的他因为突发二次脑梗，导致左半边身体行动不太灵活，憾别"大马"。组委会得知情况后，安排专人为老人送去一套本届赛事的参赛用品和奖牌，以表敬意。

2023年10月15日，"大连新闻传媒集团杯"第33届大连马拉松赛吸引了来自25个国家和地区的近3万名马拉松爱好者参赛。CCTV-5首次全程现场直播，广大跑友和社会各界的参与者对赛事予以充分肯定，世界田联观察员路易斯先生盛赞道："大连城市十分美丽，大连马拉松筹备工作很有成效，各项筹备工作严格精细，是最好的马拉松赛之一。"事实上，"大马"早就拥有"国际田联银标赛事""中国马拉松金牌赛事"等称号。

跑圈里有这样一句话："跑一场马，识一座城。"马拉松比赛不仅是一场体育赛事的狂欢，也是展示一座城市的窗口。"大马"为大连带来了名片效应，大连也正利用自身具备的先天优势和历史积淀，打造更为精致和知名的赛事IP。挑战自我、超越极限、坚韧不拔、永不放弃的马拉松精神，在文体旅融合发展的今天，弥足珍贵。这座城市就是赛场，天下朋友携手而来。这是全世界都听得到的"雄鸡"唱出来的热情爽朗。

每年5月，面朝大海，春暖花开，数万人的奔跑和全城的参与使马拉松赛成为大连城市的节日，马拉松大赛也让春天的大连有了最强劲的心跳。

动静刚柔尽中国

——大连武术文化博物馆

20多位老外，在中国师傅带领下打起了太极拳。随着音乐响起，大家迅速将手举起，成抱拳礼动作，又不紧不慢地放下双手，迈开左腿，连贯而不失节奏地开始表演，全身柔绵而有力地开始摆动，每一个关节灵巧地配合着，双手行云流水一般舞动着，在柔和的动作中也藏着几分刚劲，双手握拳，转腿，向前缓缓冲拳、推掌，动作精确、到位、整齐。

这是2023年8月25日大连武术文化博物馆里的一个情景。由辽宁师范大学承办的"一带一路"共建国家青少年"汉语桥"夏令营"跨越山海的10年之滨海明珠"活动在大连举行，这一场中国武术的体验是老外们期待已久的功课。

隶属于大连市文化和旅游局的大连武术文化博物馆位于大连西岗区仲夏路16号，建筑面积14000平方米，2014年11月1日开馆，是目前国内规模最大、功能最全，集藏品展览、武术展演、武术精英培训、国际学术交流合作为一体的中国武术专题博物馆，也是国家AAAA级景区。2015年8月被大世界基尼斯总部收录为规模最大的武术文化博物馆，2016年被国家旅游局评为"中国体育旅游十大创新项目"，还先后获评"中国武术推广基地""辽宁省科普教育基地""辽宁省体育产业示范项目"。10年来，大连武术文化博物馆一直推崇和践行自己的格言："传承中华武术，弘扬民族文化。"博物

大连武术文化博物馆内的武术培训

大连武术文化博物馆吸引了来自世界各地的参观者

馆每周二至周日免费开放，藏品展厅、展演馆和培训中心三大核心功能区每天都在面向市民和游客展示着中华武术的传统魅力。

博物馆展厅以仿古的建筑风格，融合现代设计元素，呈现出恢宏庄重的气势。极具中华民族特色的飞檐斗拱，蕴含哲学深意的太极图案吊顶，鳞次栉比的武术浮雕和画卷，巧妙地呈现于展厅之中，古朴又富有活力，充分展示出动静结合、刚柔并济的武术精神。

走进一楼展厅，映入眼帘的是基本陈列《中国武术发展》。4块大型浮雕墙画展示原始社会至现代武术的发展脉络，配以展板简要介绍中华武术发展进程。二楼展厅主题是《大连武术百年》，大连武术与国内其他地区的武术一样，都有着发生、发展的悠久历史。大连由于其特殊的地理位置，成为东北腹地与中原地区连接的枢纽，也是历代兵家必争之地，因此各地区、各民族的文化在这里融合，也形成了大连地区的武术文化特点。

博物馆的镇馆之宝是代表展品武魁匾。"武魁"是一个称号，"魁"是北斗七星之首，取其首位的意思，"武魁"指的是武举考试第一名。这块匾左侧文字显示清道光十四年（1834）武举人薛馨远获得此匾，右侧文字为两位主考官的官职。此匾是从河北沧州搜集来的，根据这块匾不难看出，沧州当地在清朝年间就是很崇尚武术文化的，因大连地区的很多武术家都出自沧州，故此匾在本馆展出。

2023年6月16日，大连市文化市场行业协会理事会会议在博物馆国内首创的下沉式环形剧场举行。这里的360°全方位观影空间可同时容纳700余人共同观演，配备国内一流的声、光、电技术，榫卯结构道具和多媒体显示装置，使观者拥有身临其境的观演体验。那天在这里演绎了一场《灯影茶事·茶和天下》雅集活动，由大连市武术协会副主席兼秘书长颜彦主持。她介绍说，投资3800多万元打造的具有中国特色的武术与舞蹈相融合的舞台剧《太极秀》，曾在

大连武术文化博物馆门前练武术的人们

这里免费公演 350 余场，接待观众 10 万余人，让观者沉浸式体验中华武术的博大精深。

我对这个武术文化博物馆格外喜爱。登录微信公众号，我发现，这里的季节一直是春天。10 年来，大连武术文化博物馆定期开展或引进临时展览，举办过《武动荧屏——电影中的功夫世界》《武治安邦——武举场景体验展》《弧矢强国——沈阳故宫藏清宫武备展》和传统文化系列展等多个主题展览，2024 年初在展的《藏锋·止戈——冷兵器展》分奇兵器、短兵器、长兵器三个单元展示中国古代冷兵器的性能特征，辅以"冷兵器年表"，从历史的角度展示中国古代兵器流变，通过对中国传统冷兵器的系统展示，增进观众对冷兵器的了解和认识。博物馆不忘社会职能，热心公益事业，推广武术公益课堂活动，推出"武术进校园、进社区"系列公益活动，通过武术公益培训、博物馆一日学、研学体验、武术讲座、武术冬夏令营形式，与市内 20 余所中小学建立武术培训合作。2014—2023 年累计开展武术公益课 2500 余场次、武术进校园活动 1000 余课时、武术互动展演 330 余场次，并承接社会各界参观接待、社交研学及武术文化交流等活动。多次接待国家、省、市级领导调研考察，承接大连赏槐会、大连夏季达沃斯论坛等大型活动展演工作，受到观众一致好评。

大连武术文化博物馆的创始人赵锡金，是大连武术界的传奇人物。2013 年，赵锡金累计投资 4.6 亿元建成大连武术文化博物馆，并捐给大连市政府。实际上，该馆也是大连乃至辽宁武术的一个活动基地。万人太极拳展演、国际武术文化节活动于 2019 年被辽宁省体育局提升为省级展演活动，全省联动数万人参与，极大地推动了国际武术交流活动及传统武术文化的发展，并成为辽宁省全民健身品牌活动。2020 年，辽宁省万人太极拳展演活动成功入选"2020 中华体育文化优秀项目"。2023年3月，赵锡金当选中国武术协会副主席。

赵锡金为人低调，聪明过人。我们常说大连滚子是检验智慧和记忆力的一项扑克赛事，近年来，我曾先后与王川志、王可俊两位滚子高手搭档，与赵锡金和女作家素素对阵，结果以总成绩0∶17败北。我问他："这滚子也与武术功夫有关联吗?"他笑答："你觉得呢?"

走走走，我们徒步走

——大连滨海路木栈道

大连的滨海路，位于大连南部海岸边，全长32公里，始建于20世纪70年代，原来是一条战备公路，20世纪80年代对公众开放，从此，这条路变成了旅游观光路、情人恋爱路。

大连市政府出资兴建的滨海路木栈道于2009年建成，全长20.99公里，起自星海湾大桥，止于海之韵公园，是世界最长的滨海木栈道，并且入选吉尼斯世界纪录。沿途山海相依、浪花欢笑、草木繁茂、景色宜人。经过多次换装升级改造，滨海路木栈道不仅满足了市民和游客亲海、近海、观海、品海的需求，而且显现出特别有效的健身功能。在滨海路西侧，著名学者张本义题写的"大连滨海路健身步道"九个遒劲大字镌刻在巨石面上，昭示着绿色的希望。

20多年来，闻名遐迩的大连国际徒步大会就在这条路上演绎出与众不同的城市精彩和百姓浪漫。

大连国际徒步大会始创于2003年，第一届在滨海路和大黑山上举办，只有7000人参与。2004年第二届，正式踏上滨海路，人数增至7万。

徒步是最时尚的健康有氧运动，而大连国际徒步大会则是最浪漫的城市节日活动，是与世界交流的文化舞台。我与大连国际徒步大会有着深深的不解之缘。作为大会主持人，从第二届开始，我曾陪伴它整整走过了15个春秋。

大连滨海路木栈道风光

大连滨海路木栈道上的人群

大连人把自己对城市和生活的热爱、对梦想的追求和对世界的开放情怀都倾注在徒步活动之中。2006年4月，国际徒步联盟大会一致同意中国大连成为国际徒步联盟的正式会员，从此大连正式成为中国国内第一个国际徒步城市。记得2008年7月，在大连滨海路上举办了中荷徒步大会，600多位荷兰徒步爱好者兴致勃勃地徒步滨海路，国际徒步联盟主席对沿途的美景和井然的秩序给予高度评价。2009年滨海路木栈道建成后，踏歌而行的徒步爱好者越来越多，每年5月的第三个周末的徒步大会上人山人海，平常日子人群也是络绎不绝。"和平、健康、交流"这个宗旨一直写在每一届大连国际徒步大会巨大的主席台背板上，也写在每一个徒步者的心里。从那时起，每年大连国际徒步大会的参与人数都在20万以上，大连国际徒步大会成为国际徒步联盟所有成员城市举办的徒步大会中徒步人数最多的活动。国际徒步联盟副会长多尼先生从专业角度总结大连举办徒步大会的优势，他说，大连的滨海路风光美丽，地形多起伏，依山傍海，富于变化，非常适合徒步运动。在世人口中，大连滨海路也有了"徒步路"的别称。

　　2009年春天，我为大连国际徒步大会写了一首会歌，我把对徒步大会和滨海路木栈道的全部感悟都写在歌中："天蓝蓝，海蓝蓝，芳草绿油油。你也走，我也走，大家一起走。你向我微笑，我向你招手，所有的烦恼都抛在了脑后。走走走，我们徒步走，走进了大自然是最好的享受。走走走，我们徒步走，白日依山尽，快乐在心头。每一个祝福都写在背后，每一只大手都拉着小手，拍一个有我有你的美丽镜头，留一个回忆给若干年之后。走走走，我们徒步走，全世界的好朋友走到我家门口。走走走，我们徒步走，欲穷千里目，健康到永久。"大连市徒步协会会长评价说："这首歌既是对滨海路木栈道徒步人流的真实写照，又是对亮丽风景城市名片的由衷赞

大连十八盘

美。"这首歌由大连作曲家郑军谱曲，大连友谊之声合唱团演唱，正式被大会采用。

踏歌而行，其乐无穷。20多年来，虽然大连国际徒步大会也有过出发地的调整和改变，但是滨海路栈道一直是首选之路。2023年，大连市徒步协会对徒步大会的规模和路线做了新的完善设计，5公里、10公里、20公里和30公里的徒步起点都在星海广场，终点各有不同，但是滨海路的木栈道始终是必经之路。特别是30公里的徒步路线设计，最后一段是在大连滨海路东段的十八盘风景区。这里原来只是荒山野岭，城市建设者们经过一番精心修建，竟巧夺天工般地将其装扮成海底大世界、自然生态园。十八盘山峦起伏，坡路陡峭，弯路很急，总长2000多米，坡顶到谷底落差40多米，所以又称"海底大峡谷"。峡谷入口处的三个鹦鹉螺雕塑和一个扇贝雕塑，成为海底大峡谷醒目的标志。沿途是活灵活现的海底生物雕塑，平均高度11米，总面积2948平方米，大鲨鱼、大带鱼、大螃蟹、虾怪、扇贝等各种各样的海洋生物栩栩如生，精彩纷呈。徒步者走到这里，无不兴奋异常，纷纷留影。许多摄影爱好者用无人机拍摄，发现这段道路像落在绿色山林之间的红色飘带，浪漫之美，令人惊叹。

大连滨海路，是观光之路，更是运动之路、欢乐之路、健康之路。我曾为大连徒步协会写过这样一副对联："欢乐健康滨海路，幸福浪漫大连人。"但是遗憾的是，我一直在台上讲，而很少去路上走，肚子还是没有减下来。

2019年5月17日，在主持了15年的徒步大会之后，徒步协会终于正式接收了我交出的麦克风，在第十七届徒步大会欢迎晚宴上，大连市徒步协会会长为我颁发了荣誉证书。从此之后，每每踏上滨海路木栈道，我都会有一种异样的感慨："说得多，也得走得多，为了快乐在心头，也为了健康到永久。"

冰山为什么火了

——大连冰山慧谷体育场地群

冰山慧谷火了。2023年的夏天，这里火得一塌糊涂。究其原因，很大程度上是因为冰，因为"冰山"上的来客。

这些兴致勃勃的来客好多都是冲着体育场馆而来的。其实这个逻辑非常简单，大连本身就是一个文艺和体育双举双赢的城市。早在1984年，大连日报社创办了一张四开四版的都市生活小报，名字就叫《文体专刊》，一张小报折射出城市的历史与时尚的光芒。后来由这张报纸脱胎而生的《棒棰岛周报》，社会、文艺和体育版块成为最受读者喜爱的"三大件"。

今天的冰山慧谷的特色就很像当年的这张都市生活报。目前园区拥有的700余家注册企业中，有松下、富士、盛世利、洛客、华润、瑞幸、星巴克、罗森、汉堡王等知名品牌。车水马龙的热烈时代背景下，那些陈旧而又结实的大型厂房，跨越时空走进我们的生活，不但讲述着百年的沧桑，而且浪漫着我们的日常。冰山慧谷这座15万平方米的城中之城，通过与当代艺术、时尚体育的互相渗透，以其独特的气质，打造城市文化景观，推动丰富多元、思考与趣味并行的新文化生活，致力于成为一个浓缩人文情怀的都市项目，打造都市慢生活的灵魂栖息地，进而成为大连市一张亮丽的文体旅名片。

我认为，自1930年大连冷冻机厂建成以来，"大冷"便成了老

冰山慧谷冰熊冰上运动中心

一辈人心目中的城市地标之一，而今天涅槃重生的这个工业遗址的生命力，与体育的激活是密不可分的。

一个春风和煦的下午，怀着好奇，我对冰山慧谷的运动场馆做了一番细致的寻访。

冰山慧谷慧星球馆位于冰山慧谷D1栋，占地2400平方米，共有20块标准的羽毛球场地，馆内环境干净整洁，设有空调水暖地热，专业的运动地板上，铺设了专业羽毛球地胶。冰山慧谷总经理助理蓝费静热情接待了我，他不无自豪地介绍说："球馆拥有两大培训机构，大连市青少年羽毛球培训基地，大连市圣远体育成人羽毛球培训基地，三年为市队输送20多名优秀运动员，举办多项大型羽毛球赛事，包括YONEX（尤尼克斯）美舞之志全国选拔赛大连赛区比赛、'威克多杯'大学生联赛大连赛区比赛、大连市行政羽毛球赛事、大连市税务局联赛、大连市服务外包协会羽毛球比赛等大型赛事，2024年承接威克多'双雄会'全国赛大连赛区选拔赛。"听他说，许多羽毛球"大咖"级人物来过慧星球馆，其中有羽毛球国家队前总教练李永波和汤姆斯杯冠军队员"反手王"熊国宝。他们都对这座球馆的设施和环境给予高度评价。

在冰山慧谷园区D1栋东侧，新打造的冰熊冰上运动中心十分引人注目。我对它的印象，就是两个字："干净。"在大连方言里，这两个字说的不仅是干净，而且是精湛。蓝总助同意我的观点，但是他说："血干净。"他告诉我，这座冰场是承建2022年北京冬奥会冰立方等4块冰场后，由冰山集团冬奥冰雪团队自主设计、制造、施工的最新冰场项目。冰场是中国首个采用CO_2五合一冷热联供技术的低碳冰上运动场馆，这项技术制冷效率高，环保无污染。冰场占地面积约3500平方米。整体场馆分两层，一层为标准奥运赛事级冰面，同时配备陆训室、赛队更衣室、淋浴间等，二层为能容纳366

人的伸缩看台。走进一楼冰场，看到迎面墙壁淡绿色广告牌上醒目的大字："超人体验，极限追求。"蓝总助解释说，"超"是冰场的核心关键词，具体说共有五个"超"：超体验，奥运级赛事冰面；超体量，600人同时滑冰和观赛；超装备，国际一流装备；超专业，花样、冰球、短道等项目都配备了国家级教练；超运维，品牌磨冰车、磨刀机以及赛事级灯光音响系统等齐备。冰场开业不到一年时间，每天接待客流300人，组织系列赛事及活动30余场次，先后承办了7场省市级大型赛事，其中有2023年首届"慧谷杯"大连市滑冰公开赛、2022—2023年度辽宁省青少年U系列花样滑冰比赛、2024年首届"大连杯"全国青少年冰球邀请赛等。值得一提的是，在冰上运动中心二楼设立的慧星乒乓球馆占地740平方米，拥有20多张球台，同样每天热热闹闹，吸引了众多乒乓球爱好者，已经可以称得上是大连市青少年乒乓培训基地。

　　冰熊不是天外来客。冰山慧谷的吉祥物就是一对可爱的北极熊，一只叫慧小宝，一只叫冰小仙。2022年，冰山慧谷、博涛文化和上海很多鱼共同出资，利用巨兽艺术打造了一个城市的尖叫IP，名字叫熊洞街，在1万平方米的场地上，6米高的巨大机械熊"北北"撬动了城市的青春流量。熊洞街虽然是一个文商旅综合体，但是依然吸引了不少体育活动。这一年秋天，BDS世界青少年街舞大赛辽宁总决赛选在熊洞街举行，而且上了央视。

　　在冰山慧谷的匠人街上，还有一处风格优雅的运动场所，这就是位于B2栋的大连艺梵国际艺术体操中心。几十年前，这里1000多平方米的空间是"大冷"的铸造厂。创始人、主教练赵明月出生于1993年，却拥有12年专业艺术体操训练和12年艺术体操教学经历。她曾是2007年全国青少年艺术体操锦标赛个人及团体冠军，2008年代表中国艺术体操赴迪拜宣传北京奥运会，退役后拒绝了日

式体操中心
Gymnastics Center

冰山慧谷的艺梵国际艺术体操中心

美等国高薪聘请，回家乡创办了艺梵国际艺术体操中心。2019年，她成为8位达沃斯市民代表之一，带领艺梵艺术体操的孩子们在达沃斯论坛亮相。近年来，赵明月不但带队参加了国内外很多大赛，并取得骄人成绩，而且成为新成立的大连市艺术体操协会的秘书长。2023年，协会承办了"省体彩杯"辽宁省青少年艺术体操锦标赛。当年的铸造厂，如今成为艺术体操的摇篮，每天都吸引很多家长和游客来观看训练，欣赏地毯上绽放的美丽小花。

　　置身冰山慧谷园区，感受体育运动气息。不知不觉之间，我已经踏上了运动之路。园区里绿树成荫，道路整洁，一个下午的时间，我的微信运动统计出12000多步。园区本身，就是一个最好的徒步健身场地，不火才怪。

劳动者的乐园

——大连劳动公园

　　说劳动公园是大连的体育网红打卡地，你也许不信，但是我信。而且，我认为这是大连人最喜爱、最方便、最浪漫的体育活动场所。

　　我是一个土生土长的大连人，劳动公园在我的心中几乎是神一样的存在。无论是童年时爸爸妈妈领我来观花赏水，还是几十年后我领孙子来嬉戏游玩，这里都是那样亲切，那样朴实，那样温馨。它是大连人共有共用共乐的后花园。门票免费，不但省了钱，而且能让每一位市民找到家的感觉。从五惠路进入北门，就能看到一座象征劳动者的铜雕，线条分明，肌肉有力。那是劳动者共鸣的立体旋律，也是运动者的强健标识。

　　劳动公园与这座城市同龄，1898年由俄国人最早修建。当时大连城市区域很小，这一带位于大连的西部，所以取名西公园。1905年日本侵占大连后，在园内建相扑场、高尔夫球场、乘马俱乐部、游泳场等设施，并于1925年在公园内建了一座"忠灵塔"。1926年，因市区逐渐向西扩展，公园已处于市中心位置，所以易名为中央公园。中华人民共和国成立之时，大连市政府发动25000名职工义务劳动，对该公园进一步整修，并在荷花池畔立了一块碑，上书"劳动创造世界"，公园正式改名劳动公园。1975年7月，"忠灵塔"被爆破拆除。1983年10月，在这个旧址上建了一座多功能展馆——圆明阁。1995年，陈旧的圆明阁也被拆除。

俯瞰大连劳动公园

劳动公园的主旋律是运动。每每置身于欢乐热闹的群众体育人流之中时，总会感受到这座城市青春活力的脉动。

　　大连人喜欢运动，而且喜欢浪漫的运动。劳动公园就是这样的空间。100多万平方米的场地，走进来瞬间就感觉远离喧嚣都市，眼前鸟语花香，漫步亭台楼榭，可以说是繁华城里的世外桃源，都市生活的市井画卷。

　　说起画卷，我记得大画家王培琪还真的画过一幅关于劳动公园的工笔年画，题目叫《国泰民安》，画的就是这里全民健身的热烈景象。画幅6尺整张，大约2米高、1米宽。在这幅画里，荷花池绿水荡漾，白天鹅向天而歌。绿树下，花草间，亭台里，广场上，男女老少都在舒展着身心，尽情地运动。有下棋打牌的，有唱歌跳舞的，有打太极拳的，有踢毽子的，好一派欢乐祥和的体育风光。

　　王培琪是大连人，生于1959年。他学生时代就常来劳动公园捉迷藏，对这里非常熟悉。后来他就住在劳动公园附近，几乎每天都要来这里晨练，在劳动公园各个角落都留下足迹。王培琪是一位功底深厚的漫画家，1999年起，他在劳动公园摆摊画肖像，画作深受市民和游客喜爱。2020年，王培琪开始在家中工作室搞创作，首先想到了劳动公园，一幕幕场景就在脑海里浮现，一个个镜头都在画纸上跳跃，大约5个月后画成了《国泰民安》。

　　王培琪的这幅体育画，后来参加了全国多个大赛，画的小稿被选进《全国体育漫画大赛作品集》，还被子恺画院永久收藏。有人出高价要买这幅画，王培琪没有出手。他说，他最大的愿望是把这幅画挂到大连博物馆里面，作为劳动公园体育主题的写生，让人们经常看到，让全世界都羡慕。

　　到劳动公园去健身，是大连市民不老的时尚。大连市文化产业协会艺术团团长王涛是一位全国知名的京剧名票，也是这里的老客，

关于大连劳动公园的工笔年画《国泰民安》

他去公园主要目的是喊嗓子练发声，但是最大收获是强健了身体。压腿、跑步、打一套拳，然后在树林里唱一段京剧选段，这是他每天早上最快乐的事情。1956年出生的王涛，身强力壮，精力旺盛，经常到外地演出，他说这身板要归功于劳动公园："劳动公园是劳动者的乐园，劳动者是美丽的，运动者是幸福的。"

劳动公园最有特色的体育风景是荷花池畔打滚子。打滚子是大连人发明的一种益智竞技项目，四个人用三副扑克牌进行比赛。同辽宁体育频道的《斗地主》一样，大连文体频道的《步步为赢》收视率一直居高不下。来劳动公园打滚子的人，大多是老年人，也有年轻人，其中不乏民间高手。据说大连市滚子协会的几位会长级人物和滚子高手也经常来这里打擂取经。滚子协会会长纪延亮说，大连滚子爱好者至少也有200万人，希望有更多地方提供更方便的条件，让人们尽享打滚子的快乐。

劳动公园是徒步爱好者安全徒步的首选之地，这里经常承办各种徒步健身比赛和活动。2024年5月，作为大连赏槐会的重要内容，十城千人槐花徒步行活动再度安排到了劳动公园。会长于建军童年时常在劳动公园游玩，他对这里的许多建筑都能讲出前世今生的很多故事。这次徒步活动，他设计的路线是在荷花池的亭台上面出发，然后沿着公园里的老槐树下的路行进到公园南门，直接沿着山路登上绿山，到达大连观光塔，一览城区风光，大家一路走下来都特别兴奋。那天，劳动公园里有很多健身的大连市民，不少人也随着徒步团队走了下来，大家共同的感受就是在劳动公园健身，爽。

说劳动公园，就不能不说公园旁的大连火车头体育场。这座建于1924年的体育场曾是公园的东棒球场。从日本人引入棒球到大连中华青年会的成立，再到全国足球甲B联赛的的火热举办，火车头体育场承载了太丰富的历史与文化，陪伴着大连足球和多项运动的前行脚步。2015年5月，沈阳铁路局投资1.8亿元改造火车头体育场，改造后功能性上更丰富：既有菜市场、停车场功能，也有体育场功能，标准的足球场铺设了天然草皮，8条塑胶跑道质量上乘，全新的看台可容纳2600名观众，还拥有1200个停车位。劳动公园与火车头体育场，一个庞大而亲切，一个俊秀而干练，像一对牵着手的好兄弟，为大连人的体育锻炼奉献着周到的服务。2024年夏天，大连市足球超级联赛职工组决赛的64场比赛在这里进行，"火车头"生机勃勃，让人欣喜。

劳动公园，劳动者的乐园。到这里健身活动，已经成为大连人和越来越多新大连人必选的浪漫时尚的生活方式。

任凭风浪起

——大连海钓运动

生活在海边的人，未必都会钓鱼。但是钓鱼的人都很上瘾。

记得早在20世纪80年代，我在大连晚报社的前身棒棰岛周报社工作，我的一位同事老大哥喜好钓鱼，经常在下班后到海边垂钓。那个年代，买菜做饭是生活必需，老大哥经常提着几条鲜活的黄鱼、黑鱼回家，老婆甚是欢喜。有一天，老大哥钓了一个傍晚也没钓到一条小鱼，就在回家路上跑到农贸市场买了两条鱼回家交差。

我有过几次钓鱼的经历，都是在大连的长海县。最近一次是2023年8月，我陪北京几位民间文学专家到大连的长海县采风，热情的东道主安排我们从小长山岛的海山岛酒店门口沙滩登上小艇，游弋到长山大桥附近海域停住，然后他们在我的示范引领下开始放长线钓大鱼，大约钓了一个多小时，还真的钓了十几条黑鱼。大家欢快无比，纷纷拍照留念。

其实我对钓鱼的理论和实践都是稀里糊涂的，甚至，我在很长一段时间里都不知道钓鱼也是一种体育运动，后来听说了，也未求甚解。

钓鱼也是体育运动，这是我2020年认识刘会长之后学习到的新概念。刘会长名叫刘笑军，1972年生人，在部队大院长大，现在是大连市钓鱼协会会长。给我的印象，高高的个子，文雅的谈吐，人如其名，的确是笑傲大海，军人风采。

大连海钓场景

巾帼不让须眉，海钓果实累累

在固有观念里，走、跑、跳、投以及舞蹈等形式的身体活动才算是体育运动，坐着或者站着钓鱼怎么能算是体育运动呢？当然算。是休闲体育，也是竞技体育。钓鱼运动具备体育运动的所有要素，当你拿起钓竿走到水边的时候，你就已经是一名钓鱼运动的运动员了。垂钓者，也是挑战者、竞技者。被考验的，不仅仅是体力，更有智慧、技巧、耐力和意志。可见，钓鱼运动能修身、静心、释压、益智，雅俗共赏，少长皆宜。

那是一个水绿鱼肥的秋天，我应邀去西郊出席甘井子区第二届垂钓旅游文化节的开幕式，与刘笑军会长一见如故，成为好友。他跟我说，钓鱼是1983年被列为中国正式开展的体育项目的，海钓是钓鱼的最高境界。大连拥有钓鱼爱好者120万人，其中钓鱼发烧友有30万人。我突然意识到，120万这个数据统计的，很像是大连的足球迷或者滚子迷。

大连是看海、玩海、品海、钓海的乐园，2211公里绵长的海岸线上镶嵌着众多美丽的海湾、海岛。得益于大连独特的山海资源，大连人对钓鱼有着深厚的热爱，钓鱼技巧也保持着非常高的水平。

刘笑军介绍说，5月至11月是适合广大钓鱼爱好者来大连海钓的最好的季节。山水美，海鱼丰，繁多的鱼种，能满足不一样的海钓追求，可以钓海鲈鱼、马鲛鱼、海鳗鱼、黄条鰤等，每天拂晓、黄昏、刚涨潮、涨半潮、刚回潮、落半潮都是最佳垂钓时机。

大连位于辽东半岛，大连沿海都有哪些垂钓好去处呢？刘笑军笑着讲着，如数家珍。

大连的中西沙甘旅五区和金州、庄河、瓦房店、普兰店、长海县，到处都有海钓好去处。中山区的最佳钓鱼点在小傅家庄、北大桥、石槽、老虎滩、海之韵广场还有三山岛。西岗区最佳岸钓场所是三个"滩"：傅家庄海滩、金沙滩、银沙滩。岛礁钓场有东褡裢

在大连市钓鱼协会平岛海钓基地，大家在一次普通的比赛中收获特别的快乐

大连市民在海边钓鱼

岛、西褡裢岛、二坨子、老偏岛。甘井子区钓点丰富，有大黑石、羊圈子、棋盘子、拉树房，其中，大黑石村北部有大石坨子、小石坨子、棺材坨子、汉坨子四个小岛，周围海域物产丰富，是公认的好钓场。在旅顺口区，蛇岛离陆地最近距离7海里，周边海域物产丰富，岛边海流不大，常有大物出没。当然需要做好安全防护准备。在金州区，有黑岛、鹿岛、范家坨子。还有一个圆岛号称"大连第一岛"，是大连较为理想的钓场，距离陆地约21海里，周围水深40米至50米，是各种大鱼的聚集地。在大连的秋季，花鲈、鲽鱼、鲅鱼、黑鱼、黄鱼、梭鱼、辫子鱼、胖头鱼都是最易上钩的品种。刘会长还特意介绍了大连钓鱼协会平岛垂钓基地。基地位于大连平岛辽参生态旅游景区。平岛距离普兰店滨海公路约4公里，由一条罕见的潮汐路连接，退潮时车辆自由穿梭，涨潮时只能步行于连接两岸的浮桥。平岛拥有得天独厚的海钓资源，是黄海地区众多恋礁鱼的栖身之所，更是洄游鱼类的必经之路。

听他的介绍，我感觉走进了一个全新的体育领地。钓鱼就像人生，有时有心栽花花不开，有时无心插柳柳成荫。不确定性是钓鱼运动的独特魅力，而运气则是各种积淀的回报。

我和刘会长讲起了在长海县的几次海钓经历，他对长海赞赏有加。他说，长海县有着得天独厚的海钓资源，而且吃住行游购娱都很有特色，长海县可以说是辽宁省最大的海钓基地。

2024年，长海迎来了海钓的大运年。在我写这篇稿子的时候，得知2024年全国海钓锦标赛8月在长海县举办。赛事设置了多个竞技项目，吸引来自全国各地的优秀海钓选手参与，当地已经开始邀请媒体达人、网络大V和专业钓手担任"体验官"，以游客的视角深入推介长山群岛的海钓及旅游资源，向社会广泛招募民众体验海钓活动，让更多人亲身感受海钓的魅力。相信2024的夏天，长海必定会成为海钓这项新潮体育的顶流火爆之地。

　　长海县是中国唯一海岛边境县，我从1983年秋天开始，因为各种采访、旅游和探友原因上去了20多次，对那里感情甚深。长海县共有5个镇，252个岛屿，其中有234个无人居住。2011年底，我曾用5个镇的名称写过一首《渔歌子》："大小长山一跨飞，海洋捧出蟹鱼肥。獐子跃，众相追，当年广鹿可思归？"

　　任凭风浪起，稳坐钓鱼船。这是体育，也是人生。你来钓鱼，我带你去，保你不会空手，也不用去买鱼。

但随连鸥动起来

——大连海岸徒步健身

如果说去看海鸥也能健身，而且是最有效果的健身，你一定不会轻易赞同。但是，如果你到大连的海边走一走，你就真的会发现，不但微信运动的步数增加了，你的呼吸会更加清新，你的心情也会更加舒畅。

因为家住星海广场附近，所以我经常去海边走走看看，日子久了形成习惯，不看看好像就缺失了点什么，而看看就很满足，很愉悦。

看什么呢？看海？从小在海边长大，好像对海已经不那么好奇。看人？大都是外地来客，各自相安，也未必要看。看景？虽然平添了一座跨海大桥，但这景色也未必非要常常去看。

在2023年开始减肥的日子里，我明白了一件事情：每次去海边，是为了去看海鸥。海鸥给我快乐，海鸥陪我健身，我因为它而增强了体质，美好了身心。

海鸥让我动起来。星海广场的海鸥是浪漫的，有点像这座城市的主人，唱着，舞着，迎候着四面八方而来的客人，仿佛在述说着这座城市的浪漫故事。海鸥喜欢群飞，每每展翅于天海之间，就像一队队清纯的少女，穿着洁白的裙衣，为一个个节日而起舞高歌。走近观察，会发现徜徉在海堤水泥台上的海鸥特别有趣。它们像是广场上优雅的舞者，每一个摇曳，每一个转身，甚至每一次倾身看你的神态，都会让我们联想起《天鹅湖》。海鸥如此迎迓客人，在蓝天碧水之间散发出灵动吉祥的气息，勾勒出一幅幅优美的背景画面，这让许多拍摄婚纱照的情侣特别兴奋。海鸥没有疲劳，没有怨言，没有任何消极的意识，总是在不倦地舞着、唱着，带给人们无以比拟的欢乐情绪，仿佛这就是它生来的使命。不信，你听它的叫声，一声声地呼唤："笑""笑""笑"……我们所有的烦恼都在这一刻烟消云散，所有的懒惰都会变成轻快前行。海鸥舞动，你也蹦跳。海鸥翻转，你也欢唱。海鸥与你一起，组合成了翩翩互动的健美画卷。如果说海鸥是这座城市的使者，它是完全胜任的；如果说海鸥是我们游人的健身教练，它也是特别称职的。

海鸥陪我们在海边。据我所知，海鸥是候鸟，但是，大连冬天和夏天的海岸上都有很多很多的海鸥。冬天的海鸥是从俄罗斯飞来的，避寒；夏天的海鸥是从南海飞来的，避暑。在我眼里，大连的海鸥日日皆来，天天都在，很熟悉，很亲切，甚至早已成为城市大家庭的成员，不论春夏秋冬，都在陪人运动。海鸥是很通灵性的一种鸟类，有时能和人类互动交流。海鸥有"海港清洁工"的雅号，又有"航海安全预报员"的美称，或低翔，或高飞，或聚集，或徘徊，都能够给航海者提供许多天气变化的预报。据我的小外甥介绍，这些功能源自海鸥的骨骼是空心管状，海鸥的翅膀也由一根根空心羽管组成，所以能够灵敏地感受到气压的变化。海鸥性情豁达而不小气。我在海边观察游人为海鸥喂食时曾注意到一个现象：有时，游人将小鱼抛向空中，海鸥一个漂亮翻身把小鱼衔在嘴里，但是又吐掉了。这时我就想，海鸥在岸边与人们嬉戏，绝不是来讨食吃，而是向人类表达友好，甚至是给我们一点面子而已。因为海鸥与我们之间这样心有灵犀地交流，所以我们不知不觉就把时间更多地留给了大海，留给了海岸，留给了健康徒步有氧运动。

大连海鸥

漫天飞舞的大连海鸥

海鸥给我们新希望。作为大连城市新崛起的文化地标，东港是别有姿韵的。我有时去东港海边散步，就会发现，那里的海鸥也格外富有激情，不像星海广场的那么浪漫，也不像傅家庄的那么深沉。东港的海鸥更像演说家或者是脱口秀演员，即使游客不多，一大群一大群的海鸥依然是情绪高昂，在那里展翅高歌，仿佛在预言着一个崭新时代的到来。这个时代的名字叫文体旅融合。仔细品味一下，旅游就是体育的一种形式，而且充满文化元素。2024年春天，东港的港东五街火爆起来。许多外地游客都会把那里当作一个必游的打卡地，站在高坡上远远期待着大船驶过的镜头。但是，仅仅走到这一步是不够的，你必须迈开脚步走下去，走到码头，走到岸边，去亲近海鸥。这个时候，你才会彻底地感受自然的赋予，收获运动的快乐。4月的一天上午，我在东港的蓝色港湾码头目睹了一个感人的团队健身画面：大连市的肢残人协会和残疾青年协会联合举办了一场"大爱连心共享精彩轮椅健步行"活动。在蔚蓝的晴空下，在海鸥的陪伴下，50多名使用手动轮椅和电动轮椅的肢体残疾人喊着口号奋力前行。北京冬残奥会越野滑雪冠军毛忠武向全市的残疾兄弟姐妹发出倡议："到海边开展运动，与海鸥结伴前行，在运动中享受快乐，在健身中活出精彩。"在海鸥心里，健全人和残疾人是无差别的，也都是有希望的。

2024年春天，大连的海鸥已经拥有了一个正式的名字，叫"连鸥"。连鸥的吉祥物出现在了4月11日的"0411之光"大型无人机表演的现场，而且越来越多的体育活动都把连鸥当作吉祥物。

唐代诗人杜甫有诗曰："舍南舍北皆春水，但见群鸥日日来。"如今的大连，一年四季皆春水，但随连鸥动起来。这座城市是浪漫之都，这座城市也是运动之城。我说不清是浪漫吸引了海鸥，还是海鸥更增添了浪漫，但是，有一点是可以确定的，这就是，海鸥是健身运动者的朋友，与海鸥为伴，就是走出房间，就是走近自然，就是强壮身体，就是拥抱健康。

　　或许，可以在大连举办一个海鸥健身节，请全世界的朋友来，看海鸥，赏美景，徒步行，也包括那些残疾人。

这里不仅有钢铁

——鞍山乒乓球运动

高满堂是我的好大哥，喜好足球，他外出写剧本拍片子时，经常通过电话向我问询辽宁足球的消息，有时还要发表一通他的高见。

后来，高满堂写了《钢铁年代》，不仅对那个年代的鞍山有了解，而且对鞍山的今日如数家珍。中华人民共和国成立初期40万产业工人在造钢炼铁的同时也掀起了一股运动热潮，也就是乒乓球的热潮。他们热衷于乒乓球运动，奠定了这座城市作为乒乓球之城的地位。鞍山，以前人们叫它"钢的城"，其实也是"乒乓之城"。

说鞍山是"乒乓之城"，就像说大连是"足球之城"，名不虚传，名人辈出。有一次，高满堂跟我聊起鞍山的乒乓名人，说了一串闪光的名字。首先是中国男子乒乓球队队长马龙。在经历了腿部手术带来的黑暗岁月之后，2023年，35岁的马龙堪称焕发了第二春，杭州亚运会上，他在男团比赛中5次零封对手，用一枚男团金牌为自己的亚运谢幕战画上了圆满的句号。年底，他加冕乒超男团七冠王。接下来，李晓霞，一个绰号"李大锤"的传奇人物。她是大满贯得主，球风彪悍，技术圆满，被誉为一代天骄，不逊色于张怡宁和王楠。再者，郭跃，一个左手横拍的世界冠军，她是天赋异禀的才女，开创了"女子打法男性化"的潮流。她的个性化打法兼具力量、速度和灵巧，观赏性极高。她被认为是国乒史上的传奇人物，也是鞍

奥运冠军李晓霞回到家乡鞍山

2021年鞍山市第十六届"万人千台"乒乓球总决赛现场

山的骄傲之一。还有王艺迪、常晨晨、袁励岑……此外，德国国家队的主力球员韩莹和曾是新加坡队主力的王越古，也都来自鞍山。

2023年9月，700余名乒乓球选手、领队和教练员齐聚鞍山，切磋球技，展示风采。在世界上任何一个角落，你很难找到700人聚在一起，只为了一次乒乓球的赛事。很显然，鞍山的乒乓球热并非只是一个庞大的数字这么简单，由700余人参赛的乒乓球赛事已是第十八届。中国乒乓球城市联赛（北部赛区）裁判长邱素轩如此评价鞍山的乒乓优势："中国城市联赛共分四个赛区，北部赛区落户咱们鞍山，也是整个比赛的第二站。从比赛规模来讲，参赛选手、领队有700多人，规模比较大。从场馆来说，因为鞍山这个场馆也是全运会比赛的场馆，场馆设施一流，我检查发现场馆条件是非常好的。""家门口"的赛事让鞍山球迷大饱眼福，也带动了全城的"乒乓球热"。大赛期间恰逢周末，整座城市迅速进入"乒乓时间"，"乒乓球热"在钢都大街小巷迅速升温，公园、社区、广场、小区内，随处可见打乒乓球锻炼的市民，乐享乒乓运动的快乐。

乒乓球是我们这一代人童年的运动之梦。我十几岁的时候，家住大连普兰店的农村。我们那时候小学操场边有一个水泥垒砌而成的乒乓球台。每次课余时间想玩，都要提着球拍排队。1989年我第一次和漫画家姜末合作，就是在《大连晚报》上为他的一幅漫画配诗："砖台拖把摆赛场，乒乒乓乓大赛忙。相机留下童年乐，诸君见罢不心伤？"如今，看到鞍山遍地都是乒乒乓乓的热烈景象，我不禁感慨万千。

运动的优势是可以相互感染的。鞍山出产的世界冠军好像一直有着强大的生命力。北京冬奥会上鞍山姑娘徐梦桃的梦幻一跳，鞍

鞍山市民在打乒乓球

李晓霞带队在鞍山市特殊教育学校开启"国球之光耀辽沈"活动

山荣升为一座"双奥"冠军城。鞍山市被国家体育总局授予"全国乒乓球重点城市"称号，被中国乒乓球协会授予"国家乒乓球培训中心"称号，被辽宁省体育局授予"辽宁奥运冠军之城"。市体育事业发展中心被中国残疾人联合会授予"国家残疾人体育训练基地"称号；市军事体育学校和市体育训练学校被评为"国家重点高水平体育后备人才基地"；铁东区体校被评为"国家高水平体育后备人才基地"。鞍山举办了春季全国梨花·山地马拉松、夏季全国登山露营健身大会、秋季"鞍山味道·南果飘香"全国群众自行车骑游活动、冬季"百万市民上冰雪"活动，促进了文化、旅游、体育、康养深度融合。鞍山市大力发展传统自主群众体育品牌赛事，已连续17年举办"万人千台"乒乓球赛，连续16年举办"农村万人"篮球赛，连续8年举办全国登山大会，营造了浓厚的全民健身氛围。

鞍山，不仅仅有乒乓。小球飞起来，带动了一座城市体育的腾飞。从媒体报道上我看到，鞍山已经形成了"东西南北中"的体育发展格局：以城市东部ＡＡＡＡＡ级千山风景名胜区为依托，大力发展体育旅游产业；以城市西部奥体中心"一场三馆"为平台，积极承办国家级高水平体育赛事，发展赛事经济；以城市南部体育俱乐部为依托，发展体育培训业，挖掘和培养更多体育后备人才；以城市北部大型体育综合体为依托，打造集体育健身、休闲娱乐、体育商贸业于一体的健身商贸服务圈；以城市中部健身场所、公园、广场、社区为依托，提供全民健身综合服务，激活体育产业发展新动能，促进体育事业高质量发展。

一个充满活力的城市总要办赛事，而赛事又会给城市带来新的活力。2023年5月，举办了鞍山·千山半程马拉松赛。7月，举办了"2023全国群众登山健身大会（鞍山站）暨'攀登辽宁'沈阳现代化都市圈鞍山·千山登山露营节"。8月，辽宁省首届"先锋杯"

职工乒乓球比赛在鞍山举办。9月，中国乒乓球城市联赛（北部赛区）在鞍山收官。

　　我跟高满堂说，找时间再写一部新作，写写鞍山的乒乓奥秘，写写鞍山的新鲜活力。

五女山，太子河

——本溪特色体育

到本溪去，是一次说走就走的旅行。2023年国庆节后，我就约了两位摄影家向着辽宁秋日最美的风景进发。

我对秋景情有独钟。记得我在大学读书的时候，曾在《辽宁青年》杂志发表了一篇文章，题目是《霜叶红于二月花》，大意是推介杜牧的那首脍炙人口、寓意深刻的七绝《山行》。这次远上寒山，真的很是兴奋。

发现美景并拍摄美图是一种美的享受，通过美的享受让身心更加健美，也是一种更美的收获。我平时很少运动，最大的体育爱好是打滚子，大连人一般都知道，这是通过三副扑克牌进行的桌上益智竞技项目，是坐着打的。打来打去，肚子越打越大。所以，对于结伴旅游的野外活动我是很期盼的。通过赏景可以实现交流情感、减肥健身的目的，真是一举多得的最美的事情。

第一天的行程是到达本溪，入住民宿，早点休息。第二天的安排是赏红叶。一早，我们就驱车来到老边沟风景区。放眼望去，漫山红遍，层林尽染，似梦似幻，如诗如画。两位摄影家立即投入拍摄，他俩就像是融化到了画图中一样。

第二天晚上我们赶到了桓仁县，第三天安排登山活动。凌晨4点钟我们开车来到五女山下，沿着石阶，往上攀登。不知不觉之间，海拔800多米的山峰便被踩到脚下，眼前是一望无际的浩瀚云海。

攀登本溪五女山

这种体育和美育结合的体验，的确让人神清气爽，振奋不已。这不是坐在家中能够体会到的。

事实上，两位摄影师大概凌晨2点多钟就开始攀登了。他们的目的是早早登顶，占领一处更有利拍摄的位置。我觉得摄影家都是运动健将。仔细数数，我身边的几十位摄影家几乎都是身体健壮，身材匀称，而且都属于"万水千山只等闲"的战士。

登山是运动，玩水也是运动。古人说："智者乐水，仁者乐山。"本溪的水是天下闻名的。同行的一位摄影师一路上不停地讲述着太子河的故事。

太子河是辽宁省较大河流之一，位于辽宁省东部。其上游有二源：北太子河源出新宾满族自治县南，南太子河源出本溪满族自治县东，在北甸附近汇合后，西流经本溪市、辽阳市，至海城市三岔河附近注入大辽河，大辽河流经营口市区注入渤海辽东湾。

一方水土养一方人，一条河流造一方福。太子河水上运动基地应运而生，经久不衰，现在也成了网红打卡地。

说起太子河，就不能不说刘子歌。这位北京奥运会的200米蝶泳金牌获得者，就出生在太子河畔的本溪。1989年刘子歌出生时，本溪给她的最初印象是钢铁、化工，并不是水。但是，她从小就喜欢游泳，想要当游泳运动员。父母将刘子歌送入体校练习游泳时，她只有6岁。白天在学校里上文化课，放学之后则到体校进行训练，对于刘子歌而言，游泳训练不是一种压力，反而是一种放松，因此，这种忙碌的生活，她一坚持就是三年。

刘子歌9岁的时候，游泳教练金炜看中了她的天赋和努力。他不希望失去这样一个游泳的好苗子，于是与刘子歌的父母商量，就算是"自掏腰包"，他也要将刘子歌培养成才。为了让刘子歌有一个更好的训练环境和条件，金炜不惜卖掉自己的车子凑钱帮助她，可

老边沟风景区也是极佳的徒步场所

来老边沟风景区徒步赏红叶的游客

以说，金炜确实在刘子歌身上花费了不少心思。在训练时，金炜对刘子歌的要求十分严格，正因如此，2004年，15岁的刘子歌就取得了世界杯短池游泳锦标赛俄罗斯站200米混合泳的金牌，初次展露了自己的锋芒。几经周折，金炜和刘子歌一直在努力着。在2008年的北京奥运会上，刘子歌以2分04秒18的成绩打破世界纪录，获得了女子200米蝶泳的金牌。

刘子歌的这块金牌，给她赢得了200万元的奖金。她拿到钱之后，立即为金炜买了一台价值170万的车。很显然，刘子歌这是对教练当年卖掉了自己的车为她凑训练经费而做的回报。但是故事没有到此结束，反而拉开了浪漫情感故事的序幕。2016年，刘子歌宣布将与金炜结婚，9月24日，相差23岁的两人在北京举行了婚礼。由"情同父女"演变为"忘年夫妻"，这段佳话无论怎么议论都是值得称赞的，而且这缘分起自太子河。

现在去太子河游泳的年轻人未必都知道刘子歌的浪漫故事，但是太子河的四季依然浪漫。每年夏天，都有众多少年在家长的陪同下，来到太子河水上运动基地，体验皮划艇、海洋舟等水上运动项目，在感受家乡秀美山水的同时，体验运动的乐趣。2021年，本溪又在太子河衍水大桥与孤山大桥段水面打造了水上运动训练基地，为皮划艇项目训练、龙舟戏水等亲水活动创造良好环境。本溪喊出"天天有训练，月月有赛事"，而且的确做到了。到了冬天，这里便成了冰上运动和冬泳爱好者的乐园。辽宁省冬泳大赛在太子河汇通冰雪乐园举行，在零下12摄氏度的冰雪世界里制造了春意满园的热烈场景，本溪队包揽了男女团体冠军。

本溪有山有水，山水都能运动。这次本溪红叶之行，虽然没有体验到太子河的水上运动，但是听同行者一路讲述，已如身临其境。

只要肯登攀

——医巫闾山攀岩基地

我与锦州很有情缘。2012年，锦州世园会举办之前，我在东北之窗杂志社工作，曾经参与策划了一次"徒步走锦州，宣传世园会"活动。那一次大连的记者团对锦州的许多亮点做了深入采访，其中包括义县的医巫闾山和辉山乳业。

记得当时我曾写下一首七绝，诗曰："医巫闾山不老松，千年阅尽夏秋冬。游人仰首连连叹，长寿还凭站立功！"那是对义县旅游的一个侧面印象和感悟。

义县地处辽西故道要冲，距今已有2200多年历史。中国北方镇山——医巫闾山绵延百里，孕育红山文化的母亲河——大凌河贯穿全境。义县有着国内突出的辽代历史建筑遗产、辽代非物质文化遗产和千年美食传承资源，拥有89项非遗，可谓辽文化的精神故乡。县域内有奉国寺、万佛堂、明长城、广胜寺塔4处国家级重点文物保护单位，其中奉国寺为国家第一批重点文物保护单位之一，列入中国世界文化遗产预备名录；义县还拥有中国观赏石之乡、古生物化石国家地质公园、大凌河国家湿地公园等很多好看好玩的地方。但是，在义县人看来，要想吸引天下游客，仅有古色古香的老家底远远不够，必须有与时俱进的新项目。

所以，转眼十多年过去，再访义县，让我震撼的不仅仅是站立的松，更有攀登的岩。

经引荐，我结识了义县的副县长王惟。这位英姿飒爽的"80后"青年带我游览了这里的体育网红打卡地。

义县医巫闾山攀岩基地位于医巫闾山西麓，义县瓦子峪镇境内。这里山势峻峭，奇峰林立，如一幅恢宏博大的泼墨画卷，给人以无限壮美的享受。群山之中，有绵延数公里的花岗岩岩墙，品质坚硬，造型优美，形态各异。

王惟介绍说，经过国内专业攀岩人士多年考察试攀，确认碾盘沟村圣旨峰、宝座峰和五间房村山脉等岩壁资源，是东北地区规模最大、类型最全、石质最优、路线最多的攀岩场所，兼具开展专业和业余攀岩活动功能。于是，经专业团队开发，在碾盘沟村圣旨峰开发出成熟攀岩线路30多条。岩壁高度为150米，宽度800米，线路难度在5.8—5.12c之间，能满足专业攀岩和大多数攀岩爱好者的需求，同时可以开展攀岩等户外运动教学和实训活动。

我对攀岩知之甚少，只是在电视里看过几个镜头。王惟说，攀岩是一项在天然岩壁或人工岩壁上进行的向上攀爬的运动项目，通常被归类为极限运动。攀岩运动要求人们在各种高度及不同角度的岩壁上，连续完成转身、引体向上、腾挪甚至跳跃等惊险动作，集健身、娱乐、竞技于一身，被称为"峭壁上的芭蕾"。

攀岩技术的兴起可追溯到18世纪的欧洲。20世纪中叶，攀岩真正成为一项独立的运动项目，当时的攀岩运动一般以自然的岩壁为主。1983年，法国人发明人工岩壁后，攀岩运动才完成其萌芽到发展的过程。1987年，中国登山协会派遣登山运动员到日本学习，这被视为攀岩运动引入中国的标志。2016年，国际奥委会确认攀岩成为第32届夏季奥运会的正式比赛项目。

也正是在这一年的4月，中国·义县首届医巫闾山攀岩节在瓦子峪镇碾盘沟村圣旨峰前隆重开幕，6个省市的20多家专业攀岩团

中国攀岩速度系列赛在义县举行

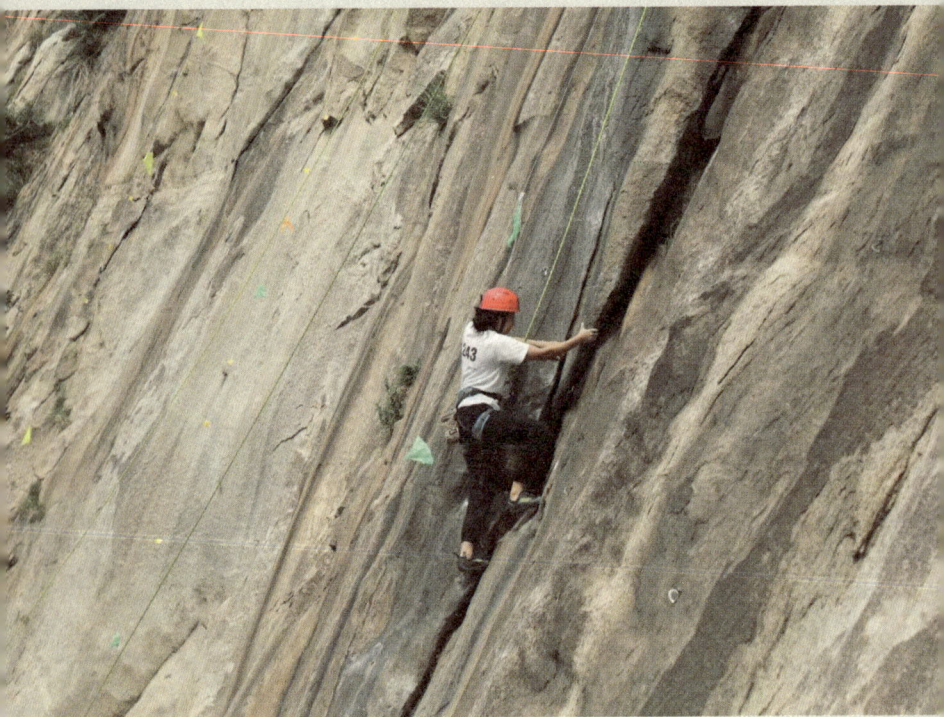

参加医巫闾山攀岩节的一名选手

队及社会各界攀岩爱好者500余人一展身手，其中有获得20多次全国攀岩冠军的原国家队攀岩队队员刘常忠，还有阳朔攀岩协会副会长、阳朔攀岩学校校长张勇。他们展示的"岩壁琵琶"风采令在场者无不叫绝。

从此之后，作为古城义县的一个新兴节庆活动，攀岩节越办越火，越攀越热。义县积极开发医巫闾山这座生态、文化和历史的宝库，依托绝佳的自然岩壁资源打造的碾盘沟攀岩基地，被评为中国体育旅游精品景区，成为辽宁省攀岩队自然岩壁训练基地。

王惟陪我观看了记录2023年6月23日举办的义县医巫闾山第六届攀岩节盛况的视频。我看到了瓦子峪镇碾盘沟村过年一样的热闹场面，开幕之前，有狮子舞表演，有石头画、满族剪纸、手工编织、满族香荷包等各种非遗作品亮相，更有蜂蜜、酒、花生等琳琅满目的义县特色农产品供游客挑选。这已经不是单纯的体育活动，而是一种文体旅融合的高品质呈现。在镜头前，县长郑毅说："我们要精心组织，周密安排，热情服务。"

义县说到了也做到了。此次比赛共分专业难度速度赛和大众体验两个区域。男子专业组第一名获得者张坤说："义县有着得天独厚的资源，村民也非常淳朴，希望义县能够借由攀岩活动带动当地经济发展。我们来到义县，在很多石头上都能看到一些攀岩的绘画，非常有攀岩小镇的气息和氛围，也希望义县能够成为东北最好的攀岩小镇，打造最好的攀岩社区。"

张坤的描绘也给了我灵感的启发。我们常说："山海有情，天辽地宁。"在辽宁这个大家庭里，文体旅的融合是有很多空间的。比方说，大连的漫画在全国有名气，大连漫画家姜末发起的"霍霍"肖像漫画活动已经有百余名国内漫画家参与作画，大连举办的国际四联漫画大赛每年都有几万名大连小画家参赛。我们完全可以组织漫画家到义县来体验攀岩和登山乐趣，然后在岩石上留下漫画作品。王惟副县长对我的创意特别赞赏。她说："这也是山和海的交流互动啊！我们欢迎各地的有识之士特别是艺术家都来义县，共同打造高品质的攀岩基地和攀岩节。"

王惟介绍说，除了碾盘沟攀岩基地之外，义县还有大石湖景区的攀冰场地和大凌河国家湿地公园的国际攀岩运动中心。攀岩运动就像一面猎猎招展的旗帜，引领着古城义县文体旅融合的前进脚步。

毛泽东主席说过："世上无难事，只要肯登攀。"这也是攀岩运动带给我们的启示和信仰。相信义县的攀岩能够成为辽宁体育的一张名片，不断攀上新的高峰。

世界冠军故乡的云

——朝阳市体育公园

　　我做过对朝阳籍运动员的采访，其中在柔道冠军李忠云家的采访给我留下了最深的印象。当时朝阳市体育局的同志指着门前河边的一片沙土地说："忠云就是在这里摔出来的。"

　　那个地方是朝阳市双塔区的东三家子村。当时她18岁，已经在前一年成为中国柔道锦标赛冠军。我从朝阳回到大连，在报纸上发表了一篇关于李忠云苦练成才的事迹报道，感动了很多大连人。

　　人的命运有时就是由一念决定的。李忠云初三的时候是班长，体育成绩突出，已经在柔道队练了两年。班主任让她放弃练柔道好好学习考大学，而她的教练则认准她是一个好苗子，鼓励她继续练下去。李忠云的愿望就是在世界比赛场上拿冠军、升国旗、奏国歌。

　　1988年奥运会中国军团兵败汉城（今首尔），李忠云与李永波各拿了一块表演项目的金牌，当时，虽然拿到这块奥运金牌只奖励800元人民币，但是她踏上的新的人生路却是光明无限。后来，在巴塞罗那奥运会上，她拿到了一枚铜牌，实现了"升国旗"的愿望。在辽宁省体育运动学院柔道馆对面，奥运冠军铜像群里赫然立着李忠云的塑像。

　　朝阳人喜欢运动，崇尚争先，在这座城市里，有许多体育场地备受市民喜爱。位于燕都新区的朝阳市体育公园就有不少人光顾，或废寝忘

朝阳市体育公园鸟瞰

食，或悠闲自得，欢愉之情溢于言表，这里已经成为市民健身休闲的网红打卡地。

朝阳市体育公园位于燕都商务大厦北侧、大凌河风景区内，由市文化旅游服务中心建设、朝阳环境集团绿化工程有限公司施工，总投资2340万元，总建设面积137253平方米，其中绿化面积96621平方米，绿化覆盖率约70.4%。朝阳市体育公园项目于2022年3月下旬启动绿化工程，2023年7月26日正式开工建设，这是一座集自然生态、人文创意、体育健身、休闲娱乐、集体活动、区域旅游于一体的创意公园，为不同年龄群体量身打造了多功能复合型运动空间。公园内建有五人制足球场地1个、标准篮球场地4个、网球场地1个、羽毛球场地3个、毽球场地3个、乒乓球场地11个，还建有多处广场和儿童游乐场。特别让我感兴趣的是，公园内拥有先进的排水系统以及景观照明设施，还有八大行星、十二生肖、陪跑墙、时空隧道等亮化景观。

这个项目是目前全省占地面积最大、体育项目最全、服务功能最完善、集健身休闲娱乐旅游于一体的综合性活动场所。朝阳市体育公园的建成，对满足城区群众日益增长的健身需求，改善市民生活品质，提高城市文化品位，完善城市配套服务功能具有重要意义。

写到这里，我想到一个问题，就是30多年前的世界冠军李忠云与朝阳体育究竟有什么必然联系？我认为联系在于朝阳并不是仅仅走出一个李忠云，而是一直拥有着与体育结缘的浓厚氛围和土壤，即使在经济困难的岁月，也不曾磨灭人才冒尖的信心和渴望。朝阳女子柔道队建队初期，训练条件极为艰苦，没有训练场地，潘玉堂教练就把训练馆搬进了教室；没有营养品，朝阳特产沙棘汁巧变运动饮料；朝阳铸造厂提供自制的哑铃、壶铃帮助女子柔道队员铸就

朝阳市体育公园深受孩子们喜爱

夜晚的朝阳市体育公园

了钢筋铁骨；缺乏柔道垫子的情况下，就在"特制的柔道垫子"——锯末子加草垫子上摸爬滚打。正是这种"认贫不认命、认账不认输"的精神，生生磨炼出了奥运冠军李忠云等大批优秀体育人才。朝阳女子柔道队的辉煌成绩极大地鼓舞了朝阳体育人，他们用实际行动诠释了"特别能吃苦、特别能战斗"的朝阳体育精神。冠军精神是朝阳的城市精神，朝阳市民热爱体育，也传承了这种精气神。朝阳体育公园就是最生动的见证。

球星之矿
——阜新篮球学校

　　我喜欢足球，也喜欢篮球。在辽师大政治系读书的时候，我是班级篮球队主力，是抢篮板球的高手。所以，我对篮球新闻是很关注的。在我这个足球迷的篮球世界里，不但有姚明，有杨鸣，还有阜新。

　　阜新是一个矿都，已发现的矿产多达46种，主要包括煤、金、铁、石灰石、玛瑙、硅砂等，还有一种珍贵的"矿产"就是篮球明星。大约20多年前，我就听说阜新被国家体育总局授予"全国首批篮球城"称号。2008年开始，阜新篮球节一直坚持举办。周琦、俞泽辰、吴昌泽、鄢手骐、贾楠、刘维伟、岳鹏飞、张健、武桐桐、刘欣然、张喆、陈磊、陈立姝、金家宝、冯欣……在这长长的名单中，有人曾是CBA总冠军球队的队长，有人作为主力球员伴随女篮创造历史，很多人先后在中国国家队担当核心角色。值得探寻的是，这座篮球城不断涌现的篮球人才都出自阜新篮球学校。

　　中国篮球协会阜新市篮球学校成立于2002年，是中国篮协首批挂牌的四所篮球专业学校中仅存的一所公办学校，是国家首批全国青少年篮球训练重点单位之一，也是全国唯一连续三届入选国家高水平体育后备人才基地的篮球学校。学校面向全国招生，400多名在校生来自全国23个省区市。自建校以来，阜新青少年篮球人才培养在全省乃至全国保持领军地位。学校是唯一连续四届入选全国

阜新篮球学校

330所国家高水平体育后备人才基地的篮球学校，同时又是辽宁男篮后备人才培训基地，也是东北三省唯一具备培训E级篮球教练员资质的单位。

阜新篮球学校位于阜新市南部经济开发区，总占地面积10000多平方米，建筑面积6000平方米。一栋6层高楼里有4块标准室内篮球场，运动员公寓、浴室、健身中心以及餐厅和服务中心一应俱全，朴实而又洁净。室外的3块标准篮球场和一块400米跑道的标准田径场上，总有生龙活虎的师生身影，也总会让人感念从这里走出的明星。

吴建军是2023年2月学校归属教育局之后上任的新校长。他是这所学校最早的教师之一，付出了园丁的汗水，见证了学校的发展。在他心里，光荣与梦想是奉献者群体的雕像，而最值得尊重的是站在中间的前任老校长李明。"他是我们阜新篮校的奠基人，是我们阜新的名人，也是中国篮球的名人。"说这番话，他十分诚恳，言由心生。李明常说，塑造篮球明星，必须要注重品德教育，想当球星先做人。学校以科学训练为主体，从运动员的选拔到科学化训练，再到规范的科学化管理，形成了一整套适合我国青少年篮球训练的模式。

阜新篮球学校荣誉墙上，挂着历届著名校友的大幅照片。身高2.18米的周琦，就是李明校长一手培养出来的。9岁在河南焦作时，他被李明校长发现并选拔调入阜新篮球学校，开始了他的篮球生涯。周琦从小好动、聪明，篮球悟性较高，一直得到李明校长的亲传和教诲，始终在训练中成长、提高。2008年进入辽宁三队，2009年在辽宁省男子乙组赛中崭露头角，被推荐到国家青年队，2011年参加在土耳其举办的电信U16国际男子篮球邀请赛，一战成名。武桐桐也是一位佼佼者，2007年进入篮球学校基础队训练，在时任主教练

在阜新篮球学校，篮球馆内的学生们在训练

邹延霞、助理教练马宏光和启蒙教练包文悦的指导下，篮球技能进步很快。2010年毕业后，被输送到湖南师范大学，开始征战CUBAL（中国大学生篮球联赛）赛场。之后，一路披荆斩棘，凭借优异表现进入WCBA（中国女子篮球联赛）和中国国家队。

20世纪八九十年代，曾有篮球人士这样调侃："将阜新籍的球员组成两个队，完全能打CBA联赛（中国男子篮球职业联赛）。"到2023年，学校为国家级、省级运动队培养优秀篮球人才百余名，为各高校、俱乐部、中国大学生篮球联赛培养、输送优秀学生超500名，成为名副其实的"球星生产基地"。学校还在全国建立起多所正式挂牌的篮球分校。在2008年北京奥运会上，阜新籍运动员取得了一金一铜的佳绩。

吴建军校长说："体教结合，读训并重，教球育人，有天赋的运动员发展成才，不能从事职业运动的学生，也要通过学业完成人生另外的出路选择。"在这里，九年义务教育必须完成，更高、更快、更强，既是一个培养塑造品德心灵的过程，也是一个提高融入社会能力的过程。

阜新不愧为中国篮球城，时值夏季，阜新处处都有篮球爱好者的身影。如果把这样的场景比作百花盛开，那么阜新篮校就是报春使者。

2023年8月8日晚，在阜新市第七届篮球节开幕式上，一首原创歌曲《篮球与向往》唱出了阜新人的情怀："总有一种渴望走进咱梦想，总有一种追求增添咱力量。"篮球在阜新不仅是竞技和娱乐，而且是精神。

在这座常住人口182万的城市里，篮球人口达50万之众，这是阜新的独有风采，也是阜新的美好资源。41个篮球馆，1515块室外篮球场，每年上万次的各级各类篮球赛事活动，篮球大篷车竞赛活动已举办了7年，每年参赛人数都在5万人以上，CBA联赛开幕式上表演的篮球操也来自阜新。显然，篮球已经成为阜新城市的亮丽名片。

2024年的春天来得很早，吴建军的内心春潮澎湃。他说，老校长打下的底子很厚实，阜新篮校不仅是阜新篮球城建设的一个基地，也是中国青少年篮球训练的一面旗帜。我们要心里有数，加快脚步，趁着春光好好赶路。阜新篮校要合作发展、创新发展、交流发展，提升师资力量，创新办学机制，规范管理模式，注重校园文化，为打造中国篮球名校、擦亮城市名片做出新的贡献。

走在阜新街头，感悟天辽地宁。我想到大连足球城、阜新篮球城、鞍山乒乓城、丹东毽球城、葫芦岛泳装城……在文体旅融合的新岁月，城市之间完全可以融合互动起来，走动起来，热闹起来。

共享宝矿，造福人民。

四分天下有其一

——兴城泳装

2024年的早春三月，一部37集的电视剧《乘风踏浪》在北京卫视和东方卫视首播，并在爱奇艺、芒果TV、咪咕视频同步播出。一夜之间，辽西小城葫芦岛兴城火爆出圈。

这部电视剧讲述了以彭锦西和罗虹夫妇为代表的兴城泳装人乘着改革东风成功创业的故事，以小见大地展现出改革开放的变迁史。电视剧汇集了乔杉、杨子姗、刘佳、唐鉴军、张瑞涵等众多观众熟知的演员，剧情紧凑，情节幽默，令观众捧腹之余，悄然触发了对生活的深度思考，也自然增添了对兴城的认知。

兴城虽然是一座辽代就建立的古城，也拥有许多美丽海景和古迹，但是真正让它"乘风踏浪"走到时代前沿并赢得世人青睐的，是泳装。这座海边小城只有50万人口，却有着年产值150亿元的泳装产业。"世界上有海的地方就有兴城泳装。"全球每卖出4件泳装，就有1件来自兴城。

《乘风踏浪》的编剧徐正超是一位"70后"的葫芦岛人，他的作品出名，远比兴城泳装要早。早在十几年前，央视春晚的《策划》《火炬手》《不差钱》等获得语言类节目创作一等奖的小品均是由他担任编剧。他自己一直有为家乡写剧本的心愿，偶然间看到的一篇新闻报道，让他震撼并受到刺激，产生强烈动笔欲望和创作灵感。经过一年多实地走访，探访当地百余家大大小小的泳装企业，深入采访了近200位在生产销售一线和曾经为此事业拼搏的泳装人，他深耕细作，精心打磨，再加上他所擅长的幽默表达，把葫芦岛兴城泳装创业史绘声绘色地展现了出来，以高密度令人捧腹的情节和感人至深的桥段让观众赞叹不已。

踏浪而来的兴城泳装是辽宁体育的一张亮丽名片。《关于兴城泳装产业发展情况的报告》显示，兴城泳装已由传统手工缝制的家庭式小作坊生产模式发展成为百亿级产业集群，实现了产业集群化、产品多样化、品牌国际化、营销网络化，在国内外纺织服装领域颇具影响，先后荣获"中国服装产业十大示范集群""全国重点培育纺织服装百家品牌"等荣誉称号，兴城市被中国服装协会授予"中国泳装名城"称号。

兴城的兴起，离不开一个又一个"彭锦西"的奋斗。葫芦岛斯达威体育用品有限公司的产品经理张嘉锐就是一个新生代的佼佼者。1996年出生的嘉锐，从小目睹父母在泳装行业创业打拼，见证了父母一步步将企业由小做大并走向世界的过程。2012年，16岁的嘉锐赴美留学，之后又到英国攻读硕士，学习工商管理专业。毕业后他回国正式进入父亲创办的泳装生产公司，帮助父母管理企业，主要负责产品开发和客户对接以及跨境电商业务。泳装生产属于劳动密集型产业，很多环节需要人工完成，无法用机器替代。工厂流水线上的制衣工人基本上都是随企业共同发展的老员工，年龄集中在40至55岁之间。虽然工资水平非常可观，但由于工作本身枯燥乏味和其他多方面因素影响，很难吸引年轻人，成为泳装缝制领域发展的瓶颈。现在，越来越多年轻人走进企业大门，公司跨境电商部门员工基本都是在20至25岁，给公司带来了新的活力。嘉锐介绍说，企业早期销售，俄罗斯的订单占90%，2012年开拓了美国市场，现在订单基本上是欧洲和美国各一半，每个地区有100万套。从在自家

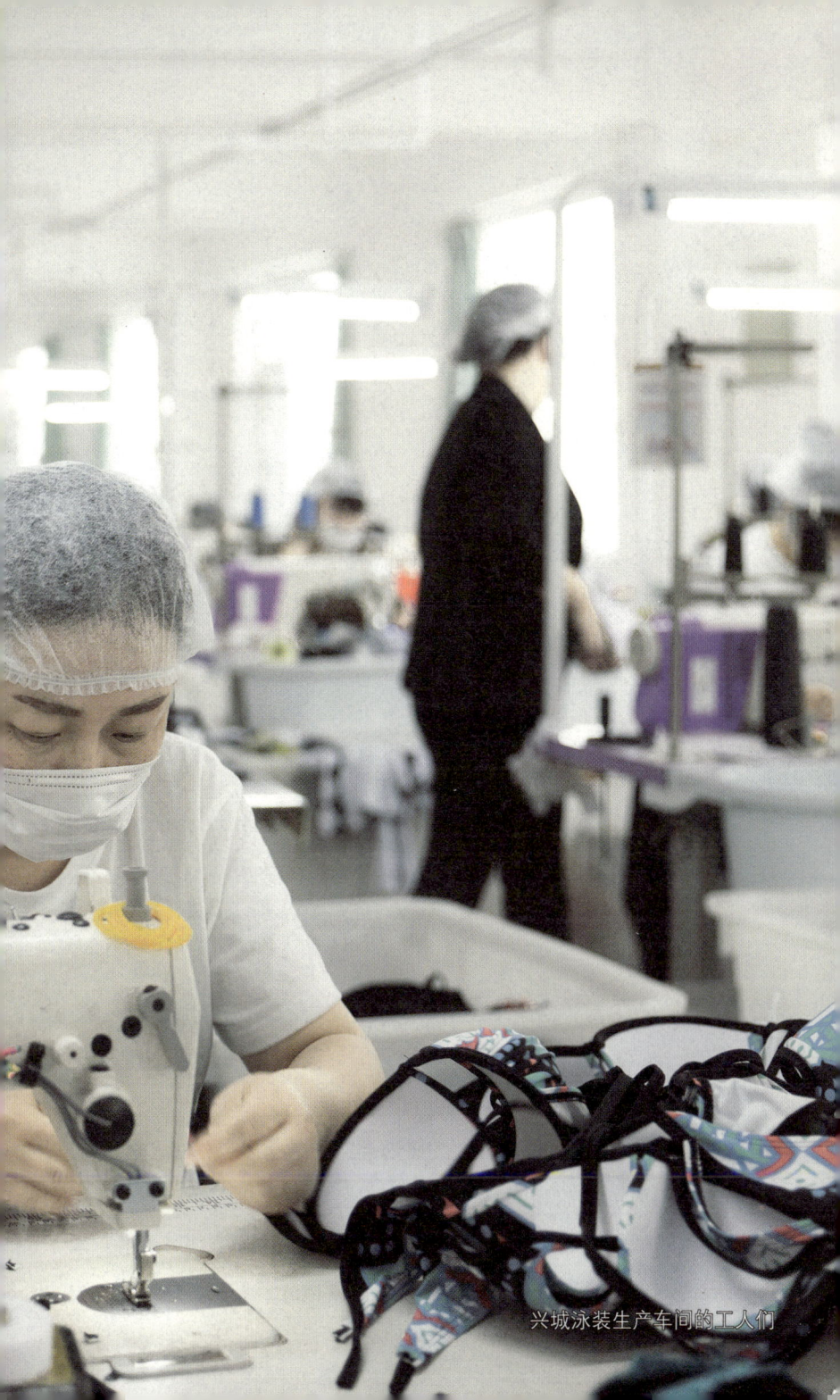

兴城泳装生产车间的工人们

海边"提篮小卖"到满世界布设海外仓，从小作坊到全球知名品牌，嘉锐已成为泳装"新势力"，带领着企业"乘风踏浪"，阔步走向世界。

这样一组数字见证了兴城泳装的兴旺：到2024年，兴城泳装产业有生产企业1300户，其中年产值500万元以上的较大规模企业300户，另有配套企业300户，包括面料、印染、罩杯、数码印花、自动裁床等类型。泳装从业人员约8万人，年均产量约1.7亿件（套），占国内市场份额40%以上。泳装注册商标1325个，其中品牌商标30个、中国驰名商标2个，"兴城泳装"区域品牌价值评价达到67.07亿元。兴城的泳装网店共约4万家，分布在阿里巴巴、抖音、快手、唯品会等各大平台，同时开通京东兴城泳装特卖专区，并购了7家海外泳装研发企业，在美、德、澳等21个国家规划建设33个海外仓。

对于泳装生产的"踏浪"者，葫芦岛市委市政府一直在大力扶持，送去东风。市里出台《葫芦岛市泳装产业集群发展工作方案》《葫芦岛市泳装产业发展专项资金使用办法》等一系列文件，促进泳装产业高质量发展。市里加大资金投入力度，仅2020年以来，向泳装企业发放扶持资金1737万元，争取贴息贷款8000余万元，出口退税7200万元。

2023年8月，由葫芦岛市人民政府主办的2023东北亚（兴城）国际泳装博览会开幕式暨东北亚（兴城）泳装模特大赛总决赛颁奖典礼在兴城市比基尼国际会展中心隆重举行。视频片《潮起兴城·"泳"动时尚》把人们带到"乘风踏浪"的激情岁月；2023东北亚（兴城）国际泳装模特大赛总决赛通过活力装、比基尼、晚装展示三个环节的精彩比拼，让人们置身阳光和沙滩之中；16000余平方米的展馆，吸引了来自多个国家及地区的国内外云展商620余家、线下展商100余家，现场成交额达6亿元。展会的成功标志是"1+14+15"，就是说1个泳装展，14项子活动，15大专业展区。通过博览会一系列活动，再次展现了泳装名称的风采和魅力，中国美学的"国风"和反映年轻一代审美的原创设计泳装产品受到世界的瞩目。

2024年，电视剧《乘风踏浪》开播之后好评如潮，评论区更是被五星刷屏，兴城因此被全网关注。编剧徐正超为家乡的体育名片做了一次超级成功的广告。

因为兴城，泳装欢笑了世界；因为泳装，兴城兴盛了起来。

这里是

体育

"山海有情 天辽地宁"
文体旅融合出版

『声』临其境

听有声书，
聆听辽宁古今文化

『视』觉盛宴

配套视频，
在线博览辽宁魅力

扫码云游

『图』说辽宁

高清摄影，
带你品鉴辽宁风情

音频、视频等以图书内容为基础，有改动。